Schandschrift

... mit düsteren bis dunkel-heiteren Gedanken

Ein Gefühlsbarometer schwankend wie das Leben selbst

1

4

5

Vorwort

In diesem Band ist ein Großteil meiner entstandenen Werke enthalten, die ich nicht nur handschriftlich zum Verfall in die falschen Hände gab. Zu Beginn sind nochmal einige Gedichte aus dem ersten Sammelwerk „Von sterbender Hoffnung und toten Träumen..." angeführt, das es nur in einer sehr begrenzten Auflage von zehn Stück gab.

Als erstes möchte ich mit diesem Buch auch meinem Großvater danken, der immer an mich glaubte und mich bei der Veröffentlichung unterstützte, wo er nur konnte. Ohne Dich wäre diese „Schandschrift" nicht zustande gekommen und all diese düsteren bis satirischen Stücke würden höchstwahrscheinlich in alle Ewigkeit ungelesen bleiben.

Da dem nun nicht so ist, wünsche ich Euch beim Lesen viel Spaß. Bedenkt allerdings, daß einige der Gedichte nichts für schwache Gemüter sind. Daher gilt: Lesen auf eigene Gefahr.

Das Lied des Lebens

(03.04.2008)

Ich sitze hier am Frühstückstisch
Geduscht hab ich grade frisch
Der Kaffee dampft noch ist sehr warm
Plötzlich spür ich Gasalarm
Die Zwiebeln gestern waren zu viel
Jetzt fühle ich ein fieses Spiel
Von rivalisierenden Gasen
Die sich gleich zum Angriff blasen

Doch das ist der Lauf der Dinge
Dafür kann doch keiner was
Das ist der Grund aus dem ich singe
Im Leben ist nicht alles Spaß
Manchmal geht es voll daneben
Manchmal stinkt es wie gesagt
Laß Dich davon nicht unterkriegen
Wenn großer Kummer an Dir nagt
Versuch es mit Humor zu nehmen
Egal wie Dich Dein Schicksal schlägt
Sonst hat jetzt schon der gewonnen
Der Dir den nächsten Stein hinlegt

Auf Arbeit hab ich keine Lust
Wenn ich an meinen Chef nur denk
Ergreift mich der tiefste Frust
Woraufhin mein Haupt sich senkt
Leider hilfts nichts mich zu wehren
Meinen Stolz in allen Ehren
Denn will ich weiter Gehalt kriegen
Sollt ich besser nicht rausfliegen

Doch das ist der Lauf der Dinge
Dafür kann doch keiner was
Das ist der Grund aus dem ich singe
Im Leben ist nicht alles Spaß
Manchmal geht es voll daneben
Manchmal stinkt es wie gesagt
Laß Dich davon nicht unterkriegen
Wenn großer Kummer an Dir nagt
Versuch es mit Humor zu nehmen
Egal wie Dich Dein Schicksal schlägt
Sonst hat jetzt schon der gewonnen
Der Dir den nächsten Stein hinlegt

Schon in der Schule sagt ich mir
Leckt mich doch was soll ich hier
Es ist doch eh nur Zeit absitzen
Im Winter frieren Sommer schwitzen
Schreiben konnt ich ja schließlich
Andre Sachen braucht ich nicht
Auch Grundrechnen fiel mir nicht schwer
Was will der Arbeitgeber mehr

Doch das ist der Lauf der Dinge
Dafür kann doch keiner was
Das ist der Grund aus dem ich singe
Im Leben ist nicht alles Spaß
Manchmal geht es voll daneben
Manchmal stinkt es wie gesagt
Laß Dich davon nicht unterkriegen
Wenn großer Kummer an Dir nagt
Versuch es mit Humor zu nehmen
Egal wie Dich Dein Schicksal schlägt
Sonst hat jetzt schon der gewonnen
Der Dir den nächsten Stein hinlegt

Walderfahrung

(21.04.2008)

In der Dunkelheit der finstersten Nacht
Ist zu hören wie hänisch es lacht
Unter nem Baum tief drin im Wald
Erklingt ein Schrei der hinaus hallt
Das Lachen des Wahnsinns aus einer Hecke
Wandert umher in fast jeder Ecke
Sorgt für Entsetzen an der Quelle des Schreis
Dreht sich herum und wird plötzlich leis
Nur noch der Schrei ist weithin zu hören
Läßt sich selbst vom Winde nicht stören
Bis ein Knall ihn abrupt beendet
Den Schreihals weit weg ins Jenseits entsendet
Die Pfütze des Blutes verwäscht im Regen
Während sich die Würmer bewegen

Abschied

(24.04.2008)

Dem Leben sag´ ich: "Habe Dich wohl..."
Es ist an der Zeit zu gehen.
Keine Lösung, kein Entkommen
Ist für mich hier noch zu sehen.
Lang ist es zu spät.
Ich nehme das Messer.
Es dringt tief Durch die Adern –
So fühl ich mich besser.
Fliehe vor´m Leben und seinem Leid.
Befreie mich von allen Nöten und Sorgen.
Macht, was immer ihr wollt!
Für mich gibt es sicher kein´ Morgen.

In Flammen

(05.01.2009)

Ich bin soweit von Dir entfernt
Die Zeit scheint gänzlich still zu stehen
Doch langsam rückt der Zeitpunkt näher
An dem wir uns persönlich sehen

Ich steh in Flammen

Ich denk die ganze Zeit an Dich
Will Dich sehen, Dich berühren
Deine Wärme um mich haben
Und zärtlich Deine Nähe spüren

Ich steh in Flammen

Endlich ist der Zeitpunkt da
Ich beginne Dich zu küssen
Ob ich jemals aufhören werde
Möchte ich heut gar nicht wissen

Ich steh in Flammen

Wer mit der Wut stirbt

(09.01.2009)

Hab lang nicht mehr gelacht
Weiß nicht mehr wie das geht
Hab ewig nachgedacht
Mich hin und her gedreht

Freude ist ein teures Gut
Kanns mir momentan nicht leisten
Alles in mir kläglich ruht
Doch so gehts den meisten

Musik klingt völlig monoton
Worte sind nur leere Hüllen
Klingen nur nach Spott und Hohn
Wenn sie die vollen Räume füllen

Blut tropfend von meiner Hand
Grad den Arm entlang gelaufen
Falle gegen eine Wand
Wie der ganze Elendshaufen

Liege da und laufe aus
Spür die Kälte in mich dringen
Wie alle anderen im Haus
Hör auch ich die Engel singen

Weltenwechsel

(12.01.2009)

In Deinen Augen seh ich die Welt
Eine sehr schöne die mir gefällt
Nicht die herzlose Realität
Wo jeder zweite um Gnade fleht
Es ist eine Welt voller Magie
In die ich mit Dir von hier entflieh
Wenn Zauber und Liebe uns dann berühren
Lassen wir uns in den Himmel entführen
Alles schlechte lassen wir hier zurück
Lassen es liegen und steuern ins Glück
Gepackt von Freude und Euphorie
Ganz überlassen unsrer Phantasie
Kuscheln und schmusen wir auf Wolke sieben
Schatz es tut gut wieder zu lieben

Im Keller

(12.01.2009)

Der Stahl der Klinge dringt tief in Dich ein
Es schmerzt Dich sehr doch hilft kein Schrein
Ein Knebel im Mund verhindert Dein Kreischen
Im Keller mit Dir liegen Dutzende Leichen
Der Geruch von Fäulnis herrscht hier überall
Die Führung des Messers bereitet Dir Qual
Blutüberströmt hängst Du in den Ketten
Keiner ist da um Dich zu retten
Dein Körper zappelt fast wie ein Fisch
Fleisch fällt zu Boden noch warm und frisch
Selbst Deine Tränen sind blutig rot
Es dauert nicht lang bald bist Du tot
Ein Beil trennt den Arm von der Hand
Entfacht neue Schmerzen bisher unbekannt
Erneut das Messer du durchdringt Deine Brust
Der Wunsch wird größer daß Du sterben mußt
Die Klinge dringt tief in Dich hinein
Stößts Richtung Herz kanns das Ende sein
Die Spitze des Stahls bleibt kurz vorm Herz stehen
Will den Menschen noch mehr leiden sehen

Der Körper selbst zappelt lange nicht mehr
Nur gequälte Laute gibt dieser noch her
Aus Nase und Mund tropft warmes Blut
Es tropft überall bis der Atem ruht
Von den Fesseln gelöst kommt der Körper zu Fall
Der Kopf schlägt auf mit einem Knall

Nur ein Traum?

(19.01.2009)

Ich sitze hier und träum von Dir
Wünsch mir so Du wärst bei mir
Schließ die Augen stell mir vor
Ich knabber zärtlich an Deinem Ohr
Doch ist es leider nur ein Traum

Obwohl es Phantasie sein muß
Spür ich plötzlich einen Kuß
Der meine Lippen sanft berührt
Und in mir heiße Flammen schürt
Doch ist es leider nur ein Traum

Deine Zunge umschlingt meine
Fahr mit der Hand an Deine Beine
Ein Hauch Ekstase füllt die Luft
Mit ihrem wunderschönen Duft
Doch ist es leider nur ein Traum

Fühl Deinen Körper Deine Küsse
Deinen Atem Deine Bisse
Nichts hält mich nun mehr im Zaum
Verlier Gefühl für Zeit und Raum
Ist es wirklich nur ein Traum?

Frostration

(30.01.2009)

Sie ist deprimierend – diese Eintönigkeit.
Umklammert mich und hält mich fest.
Abwechslung scheint so unendlich weit.
Monotonie gibt mir schließlich den Rest.

Mein Blick ist starr, erfüllt von Leere,
erfaßt keine Farben, nur grau oder rot.
Belastet von untragbarer Schwere.
Kommt´s mir bald vor, als wär´ er längst tot.

Mein Ohr hört nichts – nicht die kleinsten Töne.
Stille erfüllt gänzlich jeden Raum,
schon solang, daß ich mich dran gewöhne.
Deswegen weinen, lohnt sich wohl kaum.

Die Situation, in der ich hier stecke,
läßt mich jede Hoffnung verlieren.
Ich sitze in einer finsteren Ecke
und beginne zu frieren.

Tränenweg

(09.03.2009)

Eine Träne, klein und fein
Wollte nicht mehr in mir sein
So nutzte sie nach kurzer Zeit
Meine stille Traurigkeit
Floß an meiner Wange runter
War anfangs noch ziemlich munter
Doch dies änderte sich sich schnell und so
Wurde sie bald richtig froh
Als sie das Ende ihrer Reise
Kommen sah und leise
In Gedanken tief versank
Den ganzen Rest des Weges lang
Bis sie dann irgendwann
Einmal zu trocknen begann

Feierabend

(20.03.2009)

Wieder geh ich eine Strecke
viel zu weit bis an die Ecke,
wo ich vor einem Tage gar
schon einmal gewesen war.
Nun stehe ich erneut,
erfüllt von Leid ganz ohne Freud,
zweifelnd nach dem Wege suchend,
still und leise in mich fluchend,
an einem lang bekannten Fleck.
Ich frage mich: Zu welchem Zweck?
Was bringt es mir hier rum zu stehen
und dabei keinen Weg zu sehen,
wenn ich doch ziellos hier erahne,
daß ich weiter gar nichts plane?
Und bevor noch jemand merkt,
daß mein Zweifel sich verstärkt,
gehe ich mit diesem Reim
von der Arbeit endlich heim.

Halbschlaf

(13.05.2009)

Leichter Nebel liegt in der Luft
Meine Augen öffnen sich schwer
Ein wenig mehr Schlaf
Wär´ mein Begehr´

So denk ich an Dich
Wie schon in der Nacht
Welch süße Träume
Hast Du mir gebracht

Doch dieser Schmerz
Zerreißt mir das Herz

Hunderte Meilen trennen unser Glück
Und so zerfall ich
Stückchen um Stück

Soweit getrennt
Obwohl´s Feuer noch brennt
Wie frisch entfacht
In der ersten Nacht

Aber Zeit vergeht
Und einst kommt der Tag
An dem uns wirklich
Nichts mehr trennen mag

Traumtot

(15.05.2009)

Die Sonne scheint doch was tut das zur Sache
Es ist hell ein strahlender Tag
Zuende gehts trotzdem egal was ich mache
Auch wenn ich daran nicht denken mag

Die Vögel zwitschern mal leise mal schrill
Sie fliegen und singen ganz unbeschwert
Doch irgendwann werden sie still
Und an den Rand der Straße gekehrt

Meine Hoffnung starb lange vor mir
Schließlich bin ich noch am Leben
Nur was ist von meinen Träumen noch hier
Sie sind fast gänzlich aufgegeben

Neubeginn I

(18.05.2009)

Wie ein Klotz am Bein
Wie 'ne Kugel an der Kette
Wie 'ne Schwimmweste aus Stein
Wie die grad' verlor'ne Wette
Wie 'ne verwelkte Rose
Wie ein schales Bier
Wie 'ne nasse Hose
Bist Du zu mir

Kannst mich nicht wirklich leiden
Haßt mich abgrundtief
Doch so geht's uns beiden
Obwohl's früher so gut lief
War'n ein Herz und eine Seele
Teilten uns jeden Spaß
Heut' wollen wir uns an die Kehle
Bis der Erste beißt ins Gras

Wir haben ziemlich Mist gebaut
Und uns selbst was vorgemacht
Uns zum Schluß nicht mehr vertraut
Sind aber zu spät aufgewacht
Jetzt stehen wir vor'm Neubeginn
Jeder auf sich allein gestellt
Auf der Suche nach 'nem Sinn
Oder 'nem Weg durch diese Welt

Verblendung

(20.05.2009)

Heitere Mine verziert das Gesicht
Will eine heile Welt Dir vorspielen
Widerstehen kannst Du leider nicht
Wie schon so viele die darauf rein fielen

Es ist zu spät wenn Du erst erkennst
Was hinter dieser Maske verborgen
Und zum falschen Notausgang rennst
Mehren sich stetig Kummer und Sorgen

Mit Funk und Fernsehen zeigt sie ihre Güte
Das ist es was die Massen so blendet
Hochachtungsvoll ziehen wir unsere Hüte
Wer weiß wo das alles endet...

Schandtat

(25.05.2009)

Es ist ein wahrer Hochgenuß
Diese Schande zu gestehen
Weil ich so erzählen muß
Wie vor kurzem es geschehen

Als die Nächte sternenklar
Verführte ich ein holdes Weib
Das jedoch vergeben war
Doch schenkte ich ihr meinen Leib

Ihr Liebster war des Abends fort
Gab uns somit uns're Zeit
Trafen uns bei ihr vor Ort
Und nutzten die Gelegenheit

In ihrem schönen Schlafgemach
Von keiner Kleidung mehr gefangen
Gingen wir den Lüsten nach
Die durchs ganze Haus erklangen

So verging die kühle Nacht
Bis zum Morgentau
Hab mich dann auf den Weg gemacht
Von meiner Herzensfrau

Nur hatte ich ein Hemd vergessen
So entlarvte sich die Sünde
Doch würde ich erneut so handeln
Wenn ich am Anfang stünde

Suizid im Stadtgebiet

(25.05.2009)

Ich seh den Tropfen meines Blutes langsam an mir runterklettern
Und abgestorbene Haut Stück für Stück herunter blättern
Bin des Todes, bin am Sterben wie ein altes krankes Tier
Fühle lang schon nur noch Schmerzen also was soll ich noch hier?
Endlich halt ich eine Knarre an die lang schon offene Wunde
Immernoch Bäche am Bluten beende ich die letzte Stunde
Den Abzug grade erst gedrückt lasse ich die Waffe fallen
Geh zu Boden, schlage auf, man hört noch ein lautes Knallen
Ich blute aus wie ein Kadaver, von einem wilden Tier zerlegt
Rote Flecken im ganzen Raume — dadurch wirkt es ungepflegt
Knochensplitter meines Sturzes liegen leicht um mich zerstreut
Wie lang hab ich mich auf diesen einen Moment gefreut

Leben

(27.05.2009)

Es ist wie ein Traum, nur mit echtem Schmerz
Gleich einem Schlaf, nur ohne Erwachen
Wie ein mieser Witz, ein ganz schlechter Scherz
Wo nur die Heuchler versuchen zu lachen

Der Wunsch nach dem Ende steigt jeden Tag
Schrei nach Erlösung wird immer schriller.
In den Gedanken prasselt Niederschlag
Nachruf der Hoffnung wird dabei stiller

Wie im Fieber quält mich das Leben
Vergeblich warte ich auf die Wende
Würd´ am liebsten die Kugel mir geben
Dann wäre der Alptraum endlich zu Ende

Änderung

(19.06.2009)

Die Frage nach dem Sinn des Lebens
Stelle ich mir lang vergebens
Die Antwort hat sich gut versteckt
Oder ist schon lang verreckt
Viele Qualen und auch Schmerzen
Erlitten Körper und auch Herzen
Ich sehne mich nach einem Ende
Oder einer schnellen Wende

Gejagter Traum

(06.07.2009)

Hilflos flieht ein kleiner Traum
Vor der groben Wirklichkeit
Gehetzt weit durch Zeit und Raum
Niemand hört mehr wie er schreit

Mit Tränen er zusammen bricht
Gibt sich auf und sieht sich enden
Ohne Hoffnung im Gesicht
Läßt sich weiter nicht mehr blenden

Der kleine Traum dem Tode nah
Liegt erschöpft kurz vor der Klippe
Realität ist auch schon da
Springt dem Leben von der Schippe

Neuzeit

(09.07.2009)

Nach kurzer Zeit ist die Freude weg
Sie hat sich verflüchtigt und sehr gut versteckt
Deprimierend ist die neue Welt
Auch wenn sie noch so manchem gefällt
Provokativ setzt die Leitung auf Schrecken
Sammelt ihr Geld und läßt Dich verrecken

Kopfkino

(10.07.2009)

Wir reden über dies und das
Über allen möglichen Mist
Egal, ob Liebe oder Haß
Oder wer grad auch da ist
Lästern uns die Seele raus
Lachen lauthals wie im Chor
Malen uns die Worte aus
Und stellen uns das bildlich vor

Schlußworte

(13.07.2009)

Tief in mir drin brodelt die Wut
Mein Leben als ganzes ist eine Farce
Von wegen es wird doch alles gut
Ich sag lebet wohl Leute das war´s

Die meisten Gedichte behalt´ ich für mich
Sie werden nie das Tageslicht sehen
Meine Gedanken bleiben unter sich
Werden zusammen mit mir untergehen

Es gibt nicht viele denen ich was bedeute
Anders herum sieht es nicht besser aus
Ich schaue in die gebeutelte Meute
Und steche aus dieser nicht wirklich heraus

Die Verse hier stell´n mein´n Abschied dar
Werd´ in eine and´re Welt fliehen
Auch wenn ich manchmal sehr glücklich war
Möchte ich bald den Stecker mir ziehen

Zu qualvoll werden langsam die Schmerzen
Meine Hoffnung zerrinnt jeden Tag
Egal ob im Körper oder im Herzen
Wünsche mir nur noch zu liegen im Sarg

Es tut mir Leid hier anzuhalten
Für alle Menschen die mir nah stehen
Ihr habt mich lange am Leben erhalten
Es ist an der Zeit für mich zu gehen

Mit diesem Gedicht will ich euch danken
Für alles was ihr für mich getan
Wenn ich dran denke was wir alles tranken
Und wo wir zusammen überall war'n

Ich gebe zu es gab schöne Zeiten
Nur sind diese zu rar gesäht
Es überwiegen die dunklen Seiten
Um dies zu ändern ist es zu spät

Gleichgültig

(17.07.2009)

Das ätzende Wetter kümmert mich nicht
Zeig keine Regung in meinem Gesicht
Emotional bin ich kalt gestellt
Nichts was mich stört oder mir gefällt

Ob Du mich beschimpfst oder mich lobst
Ob Du Dich freust oder vor Wut tobst
Ich denk mir nur: Was geht mich das an?
Schließlich bin ich nicht Schuld daran

Bei allen Sachen die ich mal hatte
Daß sie jetzt weg sind ist mir längst Latte
Manch einer findet die Meinung fatal
Was auch passiert – es ist mir egal

Freitod

(25.07.2009)

Ich halte es nicht länger aus
Will aus diesem Leben raus
Bin am Ende meiner Kräfte
Trocken sind die Lebenssäfte
Es fehlt mir an Energie
Für diese Gefühls-Anarchie
Sehe schwarz längst nicht mehr rot
Träume sind schon lange tot
Ihnen folge ich in das Grab
Was ich für uns gegraben hab
Hab einen Ausweg nun gefunden
Wurde lang genug geschunden
Ob Gesundheit oder Seele
Länger ich mich nicht mehr quäle
Mit dieser Welt mache ich Schluß
Zu hören ist nur noch ein Schuß
Alles ist endlich vorbei
Für immer weg – für immer frei

Verdienter Wahnsinn

(25.07.2009)

Mit zerzaustem Haar und trübem Blick
Lieg ich im Bett und schaue zurück
Zurück an weitaus schönere Tage
Und stelle mir nur die eine Frage:
Womit hab ich das verdient?

Schon in früher Zeit begann all das Leid
Von Anfang an paßte ich in das Kleid
Geschneidert vom Pech und großen Miseren
Stachen mich oft die spitzen Scheren
Womit hab ich das verdient?

Von guten Geistern gänzlich unbeachtet
Hatt´ ich das Unglück wahrlich gepachtet
Das bißchen Freude was sich Anfangs bot
Ist mittlerweile verschwunden und tot
Womit hab ich das verdient?

Vom Wahnsinn ereilt lieg ich nun hier
Eingesperrt wie ein zahmes Tier
In meinen Gedanken hör ich Dich lachen
Hast es geschafft mich irre zu machen
Hab mich an Dir des Mordes bedient
Das hast Du Dir auch wahrlich verdient

Verblühtes Leben

(27.07.2009)

Welk steht die Rose des Lebens am Rand
Oft unbeachtet nicht vielen bekannt
Verblühte schon im Frühling des Seins
Ziele erreicht hatte sie nicht mal eins

Der Geruch des Scheiterns haftet ihr an
Den sie so schnell nicht loswerden kann
Umhüllt sie eng und klammert sich fest
Gibt der alten Rose sehr bald den Rest

Sie schaut in den Spiegel betrachtet ihr Bild
Bekommt ihren Durst lang nicht mehr gestillt
Den Durst zu erfahren den Sinn des Lebens
Den Sinn allen Handelns und allen Strebens

Starr ist ihr Blick schlaff sind die Blätter
Sieht nur den Tod noch als ihren Retter
Vom Nebel getrübt und von Sonne geblendet
Glaubt sie zu spüren wie bald alles endet

Läßt den Kopf hängen fühlt sich nicht gut
Fühlt sich verlassen vom Lebensmut
Ist völlig verzweifelt versucht zu schrei'n
Doch bemerkt keiner ihr Unwohlsein
Bis ungehört die Schreie verhallen
Und die Blütenblätter herunter fallen

Reisequalen

(27.07.2009)

Unaufhörlich wächst die Demut
Die dem Halter mächtig weh tut
Ihn schon lang zu Boden reißt
Und ihn in seine Schranken weist

Gepeinigt liegt das kleine Wesen
Längst schon unterm großen Tresen
Drüber sitzen Schand und Schmach
Treten gerne nochmal nach

Die Verzweiflung mit am Tisch
Macht sich grade wieder frisch
Für eine neue Runde Schmerzen
Und beginnt sogleich zu scherzen

Die Tränen fließen bächeweise
Es beginnt die große Reise
Der Reiseleiter dieser Qualen
Läßt sich den Rest Freude auszahlen

Uniformitätsregel

(29.07.2009)

Jedem paßt die Uniform
Obgleich sie nicht auch jedem steht
Sie ist nun mal die weite Norm
Die durch viele Köpfe geht

Jeder trägt sie und wenn nicht
Wirst Du in sie hinein gezwängt
Bekommst ne Maske aufs Gesicht
Egal wie sehr sie Dich beengt

Du mußt wirklich um jeden Preis
In ihr Weltbild passen
Sonst kommst Du aufs Abstellgleis
Und wirst dort allein gelassen

Freidenker und andre Hetzer
Die sich dagegen wehren wollten
Schrien ihre Meinung raus
Was sie sogleich bereuen sollten

Freiheit wird das Spiel genannt
Du verlierst es jeden Tag
Stehst mit dem Rücken an der Wand
Liegst förmlich schon in Deinem Sarg

Sommerfrust

(29.07.2009)

Er hat sich wieder eingenistet
Und wächst fröhlich vor sich hin
Bei mir er sein Dasein fristet
Frei von jedem tiefen Sinn

Sein Eintreffen war ungewollt
Sein Erzeuger ist längst fort
Die Lieferung war unverzollt
Jetzt sitzt er fest an einem Ort

Er ist so grausam unnachgiebig
Fern von allen guten Geistern
Kam zu schnell recht flink und zügig
Will hier nun sein Leben meistern

Wer kennt dieses Problem nicht
Ist schließlich jedes Jahr das Gleiche
Wie gern ich doch drauf verzicht
Wäre lieber eine Leiche

Auch wenn es makaber klingt
So grausam das auch alles ist
Meine Hoffnung längst versinkt
In diesem großen Haufen Mist

Da hilft kein Kratzen hilft kein Jucken
Es wird einfach nur noch schlimmer
Kann darauf wirklich gerne spucken
Ganz weit hört man das Gewimmer
Es ist echt zu viel für mich
Dieser doofe Mückenstich

Wahnsinnige Neugier

(04.08.2009)

Ich warte ab ganz ungeniert
Wenn Ungewißheit mich auch quält
Werd ja sehen was passiert
Was mir im Leben noch so fehlt
Kann kaum still sitzen will es wissen
Schlaflos bin ich längst seit Tagen
Bin völlig hin und her gerissen
Muß ständig nach der Antwort fragen
Doch Du schweigst und findest´s schön
Meine Neugier Dein Genuß
Willst mich länger leiden sehen
Bis ich Dich anflehen muß
Mir doch endlich mitzuteilen
Was Du demnächst mit mir geplant
Plötzlich fang ich an zu lachen
Sowas hätt ich nicht geahnt

Henkerszeit

(11.08.2009)

Die Glocken läuten die Zeit scheint vorbei
Der Henker trabt schweren Schrittes herbei
Er war schon immer in der Nähe gewesen
Und hat manch einen zuvor ausgelesen
Er ist mir willkommen soll näher treten
Vorbei die Zeiten von Bangen und Beten
Bin voller Hoffnung und Zuversicht
Daß er just heute mal mit mir spricht
Mich zu sich einlädt mich mit sich zieht
Bevor er erneut an mir vorbei flieht
Halte die Schlaufe bereits ums Genick
An ihm haftet mein starrer Blick
Zähle die Stunden, Minuten, Sekunden
Die sowohl Körper als auch Seele geschunden
Der Henker trabt schweren Schrittes zu mir
Greift meine Hand entfernt mich von hier

Lebensmeer

(11.08.2009)

Die Plage der Unlust überzieht meine Seele
Mit Müdigkeit wie ich mich doch quäle
Es kostet Kraft nicht aufzugeben
Viel zu viel Kraft für dieses Leben
Schwimmend im Meer der lieblosen Menge
In einer Leere gefüllt mit Enge
Schlaflos doch träumend treib ich umher
Nicht unter zu gehen fällt mir so schwer
Das Boot hat Risse Wasser dringt ein
Scheint auch schon lang aufgegeben zu sein
Mit mir am Steuer versinkt es im Nichts
Bis runter zum Boden des dunklen Lichts
Dort angekommen umarm ich den Tod
Umschließ ihn fest – das Wasser wird rot

Staubwesen

(26.08.2009)

Ungeliebt in einer Welt
In der das Wesen sich aufhält
Blutet die Seele leidend aus
Tropft alles aus dem Fenster raus
Zerfällt das Wesen leise still
Es nur noch an das Ende will
Zu schwach das alles mit zu machen
Kann schon ewig nicht mehr lachen
Zerfällt zu Staub so wie der Rest
Vom Wind getragen sitzt nie mehr fest

Lebensmut?

(29.08.2009)

Ich such nach neuem Lebensmut
Doch den zu finden fällt echt schwer
Zu wenig Dinge laufen gut
Und Glaube gibt es lang nicht mehr

Depri heißt mein Grundzustand
Wodurch auch viele Tränen fließen
Steh mit dem Rücken an der Wand
Doch keiner kommt mich zu erschießen

Der Friedhof der Gefühle
Liegt vor meiner Türe
Es waren längst schon viel zu viele
Bilde langsam kleine Geschwüre

Hilflos hier drin eingesperrt
Müde noch vom langen Marsch
Habe ich mich nun umgekehrt
Und zeig dem Leben meinen Arsch

Geldfühle

(31.08.2009)

Ich bin so ein großer Held
Hab wirklich alles erreicht
Hab auch eine Menge Geld
Es zu bekommen fällt mir leicht
Bin recht gut im Hinternkriechen
Bei allen meinen Vorgesetzten
Auch wenn es schon beginnt zu riechen
Warens sicher nicht die letzten
Was ich doch nicht alles kann
Bestätigung und Komplimente
Hab ich bei mir als Grundprogramm
Sicher somit meine Rente
Die Frauen stehen bei mir Schlange
Wenn sie meine Gelder sehen
Doch bleiben sie meistens nicht lange
Warum kann ich nicht verstehen
Aber was solls die nächste kommt
Kann doch so schwer wohl nicht sein
Aber auch sie verschwindet prompt
Und läßt mich mit dem Geld allein

Freudenschauer

(24.09.2009)

Man hört den Kirchturm deutlich läuten
Die Kirche ist nicht weit von hier
Langsam beginn ich Dich zu häuten
Du entkommst nicht meiner Gier
Zieh die Haut Dir schmerzend ab
Zieh auch jedes Haar heraus
Bald wird auch die Luft Dir knapp
Mit dem Atmen ist es aus
Ein Strick gelegt um Deine Kehle
Sperrt die Luft fast gänzlich aus
Das Röcheln ich ganz still mit zähle
Dringt immer seltener heraus
In meinem Blick siehst Du den Tod
In Deinem seh ich Qual und Tränen
Der Anblick der sich mir grad bot
Jagte mir Schauer durch die Venen

Weiße Fahne

(24.09.2009)

Es ist wirklich aussichtslos
Ich versuche es nicht mehr
Was dachte ich mir dabei bloß
Fühle mich nun nur noch leer
Hab sehr lange mitgespielt
Alles habe ich ertragen
Worauf habe ich gezielt
Höre ich mich leise fragen
Steh am Ende meiner Kraft
Spür wie sich mein Elend häuft
Bin jetzt endgültig geschafft
Warte daß die Zeit abläuft

Groß oder klein

(29.09.2009)

Erst durch die kleinen Sachen
Wird das Leben schön
Sollen es so wertvoll machen
Nur kann man das auch anders sehn

Gefühle – wenn auch nicht zu messen
Füllen doch das Leben aus
Versuch die Liebe zu vergessen
Zusammen bricht das Kartenhaus

Dies ernsthaft als klein zu sehen
Fällt mir wirklich ziemlich schwer
Meine Ansicht bleibt so stehen
Und ich sage wie bisher
Würde es nur Kleines geben
Wäre es kein echtes Leben

Ende tot, alles tot

(02.10.2009)

Es glaubte einst ein sehr junger Mann
Daß das Leben einen Sinn haben kann
Er hatte Pläne und große Ziele
Davon erreichen wollte er möglichst viele

Dann gab es einen der war Pessimist
Für ihn war das Leben gänzlich nur Mist
Hat seine Träume früh aufgegeben
Wollte nie wirklich nach Großem streben

Jeder lebte sein Dasein so verging die Zeit
Der eine tatkräftig und zu allem bereit
Der andere mutlos bar jeder Lust
Gepackt vom Zweifel und tiefem Frust

So gingen langsam die Jahre herum
Die Zeit des Lebens war bald schon um
Heute sind beide am gleichen Ort
Im Nirgendwo für immer fort

Eine Nacht

(05.10.2009)

Es war schon später in der Nacht
Da hattest Du mich angelacht
Ich verlor bald jeden Sinn
Und gab mich Dir gar gänzlich hin
Schon nach sehr sehr kurzer Zeit
Hattest Du die Lust befreit
Entfesselt und Ketten gesprengt
Nichts hat uns nun mehr beengt
Erst als die Sonne wieder schien
Mußte ich von dannen ziehn

Aufgegeben

(05.10.2009)

Der Blick geht zu Boden – kapituliert
Sinne erstarren – alles erfriert
Die Zeit geht weiter und wandert ins Nichts
Vorbei an der Leere des verblaßten Lichts
Ziellos umher wandern die Schatten
Verlorene Träume die sie einst hatten
Tränen im Auge trocknen nie mehr
Zu tragende Lasten sind einfach zu schwer
Unmotiviert bleibt das Herz stehen
Sieht keinen Grund noch weiter zu gehen

Fliehender Traum

(08.10.2009)

Der Traum rückt wieder in weite Ferne
Scheint unerreichbar oben die Sterne
War kurz bei mir klopfte an der Tür
Bevor er erneut schnell floh vor mir
Wieder entkam er unangetastet
Auf seiner Flucht er niemals rastet
Hat schon Spaß an meinem Leid
Fühlt sich dadurch scheinbar befreit

Rennt immer weiter verlier seine Spur
Stell mir die Frage: Warum denn nur?
Will dieses Dasein endlich abschließen
Nie wieder sinnlos Tränen vergießen
Mein einziger Traum ist nur noch der Tod
Dank dem Leben daß sich mir bot
Ich würde lügen wenn ich zu Dir meinte
Daß ich oft nur vor Freude weinte

Traurige Liebe

(12.10.2009)

Ein kleines Gefühl gefangen in mir
Kommt nicht heraus wartet auf Dich
Wird immer größer will gern zu Dir
Sich andren zu zeigen traut es sich nicht
In meinem Herzen sitzt es eingesperrt
Schreit so sehnsüchtig will sich Dir zeigen
Die Ferne zu Dir an den Kräften zerrt
Bringt die Schreie fast schon zum Schweigen
So wartet es bis es Dich sieht
Zählt die Sekunden die zu stehen scheinen
Kann nicht erwarten daß es geschieht
Vor Schmerz beginnt es leise zu weinen

Kleine Frage

(13.10.2009)

Nun ist es raus ich hab es gesagt
Es ausgesprochen es tatsächlich gewagt
Die die es hörten waren schockiert
Regelrecht sprachlos doch gleich fasziniert
Nur galten die Worte nicht allen Ohren
Sind für Dich aus meinem Mund geboren
Dein Blick überrascht noch immer erstaunt
Warst bis gerade eben noch so gut gelaunt
Jetzt stehe ich in der Situation
Warte gespannt auf die Reaktion
Schaust mich nur an weiterhin stumm
Meine Gedanken irren herum
Dein Blick wird langsam wieder erfreut
Die Antwort noch offen frag ich erneut
Bin noch immer auf sie gespannt:
„Reichst Du aus Liebe mir Deine Hand?"

Zeitheilung

(15.10.2009)

Die Zeit dreht stetig ihre Runden
Schleppt mit sich die tiefen Wunden
Die ihr schwer zu schaffen machen
Doch kann sie hin und wieder lachen
Wenn sie sich von ihnen erholt
Sich Glücksmomente zurück holt
Wenn auch nur für kurze Zeit
Ist sie von jedem Frust befreit
Diesen Moment kostet sie aus
Brüllt dabei munter heraus
Läßt auch hier wieder verkünden
Gleich sind mir sämtlichst meine Sünden
Drehe wieder meine Kreise
Bis im Alter ich vergreise
Mit noch ein paar kleinen Narben
Die sich tief eingeprägt haben

Gefangene Gedanken

(16.10.2009)

Frei wie die Vögel sind die Gedanken
Kennen keine Grenzen und keine Schranken
Doch faßt Du sie in Schrift und Wort
Sei auf der Hut sonst bist Du bald fort
Laß sie nur raus wenn Du überzeugt bist
Daß dieser Ort dafür sicher ist
Die Ohren mancher sind Alarmanlagen
Die gesprochenes schnell weiter sagen
An die Meldestellen die dafür sorgen
Daß Unerwünschtes möglichst verborgen
Einzig allein die Gedankengänge
Treibt nicht mal hier jemand in die Enge
In guter Gesellschaft kann sie mal raus
Verläßt eigentlich nie das schützende Haus

Alter Hut

(16.10.2009)

Konnte meinen Hut nicht nehmen
Er fiel von ganz allein
Sein Fall konnte mich leicht lähmen
Liegt im Dreck vor meinem Bein
Dem Standbein des Lebens
Nur von alten Krücken gehalten
Macht um die Sache nicht viel Aufhebens
Will in Kürze sich eh weg schalten
So staubt der Hut allmählich ein
Wird auch langsam von Motten zerfressen
Vor langer Zeit sah ich es schon ein
Die Zukunft kann mich gerne vergessen

Freude und Glück

(19.10.2009)

Das Glück es ging auf leisen Sohlen
Hat sich schnell davon gestohlen
Während ich noch friedlich schlief
Es ganz schnell von dannen lief
Ich hatte es zwar fest gebunden
Doch hat es sich heraus gewunden
Verschwand in finsterer Nacht
Nur weil ich nicht gut gewacht
Jetzt sitz ich hier ganz ohne Glück
Schaue in der Zeit zurück

Wo ist es hin
Kanns weder sehen noch es fühlen
Wo ist es hin
Beginne danach zu wühlen
Wo ist es hin
Es war doch zum Greifen nah
Wo ist es hin
Plötzlich ist es nicht mehr da

Die Freude ist mit ihm gegangen
Dicht an seinem Leib gehangen
War schnell weg konnt sie nicht sehen
Wollte ohne Abschied gehen
Tut als würd sie mich nicht kennen
Als würden uns gar Welten trennen
Kehrt mir stur den Rücken zu
Will vor mir nur ihre Ruh
Hat mit mir nichts mehr am Hut
Wie ihr wollt dann fließt bald Blut

Tote Liebe

(21.10.2009)

Dein kalter Körper liegt tot da
Ich muß mich daran vergehen
Wie schön er zu Lebzeit war
Kann ich in Gedanken sehen

Bin davon völlig fasziniert
Muß Deine blauen Lippen küssen
Fäule Deine Haut verziert
Kann Deine Liebe sicher wissen

Ein kleines Stückchen Fleisch von Dir
Trag ich immer in meiner Tasche
Falls mich wieder packt die Gier
Und ich Dich darauf vernasche

Bist meiner Liebe ganz ergeben
Willst Dich ja auch gar nicht beschweren
Werd Dich nimmer mehr gehen lassen
Kannst und willst Dich nicht mehr wehren

Bald da

(22.10.2009)

Das Ende ist zum Greifen nah
Wünsche werden endlich wahr
Der Vertrag noch in der Schwebe
Für kurze Zeit ich glücklich lebe
Denn ich bin dem Tod geweiht
Wurde aber auch mal Zeit

Land in Sicht

(22.10.2009)

Das Meer des Lebens tobt wie wild
Ist ein Sturm der Langeweile
Ewig nur das gleiche Bild
Liest ständig die selbe Zeile

Der morbide Segelkahn
Schippert durch die lahmen Fluten
Tropft wien alter Wasserhahn
Läßt die Wesen stille bluten

Heiser schreit der Kapitän
Die Ohren vernehmen leise
Es ist endlich Land zu sehen
Das Ende dieser miesen Reise

Die ersten kommen aus dem Meer
Betreten Land des Lebens fern
Verneinen jede Wiederkehr
Küssen den Boden nur zu gern

Herzstift

(23.10.2009)

Ein kleiner Stift schreibt ein paar Worte
Gefüllt mit tiefen Depressionen
Sah schon vielfältige Orte
Voller Haß und Aggressionen
Wird oft gebrochen und geschmissen
Auch zum Schmieren oft benutzt
Wie ein Stück Papier zerrissen
Von allen Seiten mal beschmutzt
Die Spitze ist stark abgerundet
Schreibt trotzdem weiter seine Zeilen
Ist er auch noch so stark verwundet
Will er sich der Welt mitteilen
Die ihm soviel angetan
Ihn geschlagen und zerbrach
Tag für Tag in ihrem Wahn
Mit Messern sein Herz zerstach

Schmerz ans Herz

(26.10.2009)

Er bohrt sich leise in das Herz
Der kalte Stachel falscher Liebe
Verursacht Kummer und viel Schmerz
Versetzt dem Herzen starke Hiebe
Ergötzt sich an dem fremden Leiden
Nährt sich von Tränen starker Trauer
Will die Konfrontation nicht meiden
Durchbricht vergnüglich jede Mauer
Die sich schützend davor stellt
Auch wenn nicht von Erfolg gekrönt
Zerstört der Liebe große Welt
Hat sie lange schon verpönt

Dieser Zug endet hier

(26.10.2009)

Direkt an das Gleis gekettet
In der Schiene eingebettet
Liegt ein kleines Stückchen Glück
Sieht den Zug der näher rückt
Fühlt sich schon förmlich überrollt
Spürt in der Gleise wie es grollt
Doch um Hilfe rufts nicht mehr
Kommt ja eh kein Helfer her
Zu lang hat es schon versucht
Mit Worten manchen Freund ersucht
Nichts mehr was es noch aufheitert
Jeder Versuch ist gescheitert

Eisherbst

(28.10.2009)

Kälte durchdringt meinen Leib
Friere draußen wie auch drinnen
Egal wie ich die Hände reib
Wärme kann ich nicht gewinnen
Beide Hände tuen weh
Blau läuft an die Nasenspitze
Der Wind pfeift durch wie ich auch steh
Eis spür ich in jeder Ritze
Eingefroren bald alle Poren
Erstarr ich wie eine Skulptur
Eiszapfen an beiden Ohren
Wo ist denn die Wärme nur
Die mich vor kurzem noch anlachte
Niemals an ein Ende dachte

Nach langer Zeit

(28.10.2009)

Es ist eingetreten woran ich nicht glaubte
Damals die Hoffnung ins Jenseits schraubte
Doch dies eine Mal ist es geglückt
Was mich beinah unglaublich verzückt
Lang ersehntes Ende endlich erreicht
War gar nicht so schwer fiel Dir doch leicht
Du hast mich getötet ich danke Dir dafür
Hinein ins Dunkle durchschreit ich die Tür
Du hast vollzogen worum ich viele bat
Bin Dir ewig dankbar für diese Tat

Zuversicht

(29.10.2009)

Das Haus erneut zusammen bricht
Wände stürzen wieder ein
Das letzte Bißchen Zuversicht
Wollte hier zu Hause sein
Die Möbel grad zurecht gestellt
Wände alle tapeziert
Das ganze Werk zusammen fällt
Wieder ist es ihr passiert
Die Zuversicht ist am Verzagen
Weiß jetzt weder aus noch ein
Dazu kann sie nichts mehr sagen
Ihr fällt wirklich nichts mehr ein
Somit packt sie ihre Sachen
Die noch zu gebrauchen sind
Läßt zurück Freude und Lachen
Treibt hinfort im kalten Wind

Zuhause

(30.10.2009)

Draußen spielt das Leben
Daher bin ich drinnen
Will darauf nichts geben
Kann dem auch nichts abgewinnen

Eingesperrt in freier Welt
Vom Bilde noch im Zaum gehalten
Das den Schrecken nur darstellt
Kann die Mengen immer spalten

Innen davon abgeschottet
Guck ich hin und wieder raus
Wie sich alles selbst ausrottet
Stellt sich die Gefühle aus

Den Schrei nach Hilfe keiner hört
Schauen alle zu wie ich eingehe
An dem Anblick sich keiner stört
In welche Richtung ich auch sehe

So bleib ich in meinem Reich
Bis man meine Leiche findet
Bis meine Haut ist kreidebleich
Der letzte Atemzug entschwindet

Maske des Lebens

(02.11.2009)

Das Leben kann schön sein
Ganz außer Frage
Nur der schöne Schein
Hält kaum ganze Tage

Die Maske fällt runter
Zeigt das wahre Ich
Vor Kurzem noch munter
Enthüllt es sich

Der Geschmack ist so bitter
Beinah widerlich
Entfacht ein Gewitter
Und entsetzt das Gesicht

Auf dem schon bald erneut
Schützend leicht die Maske sitzt
Welche sich zur Zierde freut
Und mit einem Lächeln blitzt

Gute Laune

(03.11.2009)

Diese graue Wolke ist den ganzen Tag bei mir
Sie begleitet und verurteilt mich
Kennt weder Hindernis noch Tür
Aufzuhalten ist sie nicht

Zieht viele in ihren Bann
Auch viele Mundwinkel weit runter
Weil kaum einer sich wehren kann
Fällt die Laune weiter runter

Stürzt Stufe für Stufe ab
Bricht sich Arme und die Beine
Landet bald in ihrem Grab
Bremsen hierfür gibt es keine
So verfolgt die Wolke heiter
Gute Laune als Wettstreiter

Zu spät erwacht

(04.11.2009)

Frost zu sehen in Deinen Blicken
Eiskristalle starren mich an
Die Zeit hört man dabei ticken
Was ich nicht verhindern kann

Dein Blick dringt tief in mich ein
Willst mein Denken kontrollieren
Willst Herrscher über mich sein
Soll willenlos funktionieren

Es hat doch schon so oft geklappt
Alle hörten nur auf Dich
Die Fallen hatten zugeschnappt
Aber bei mir geht das nicht

Ich bin dagegen resistent
Kenne Dich schon lang genug
Gegen Dein Eis mein Feuer brennt
Bringt zum Schmelzen Lug und Trug

So gewärmt das Herz erweicht
Tränen fangen an zu fließen
Plötzlich Deine Seele kreischt
Will die Tränen nicht vergießen

Bittest mich nun um Vergebung
Wolltest nie so böse sein
Kämpfst jetzt um Wiederbelebung
Doch ich lasse Dich allein

Mit Glück vereint

(05.11.2009)

Ich hab das Glück gefunden
Es lag tot in der Ecke
Getreten und geschunden
Mit der Aufschrift: Verrecke!
Ich nehm es mit nach Hause
Um es wieder zu beleben
Gönn mir keine Pause
So groß ist das Bestreben
Es regt sich nicht mal ein Stück
Ist total still gelegt
Findet nicht mehr zurück
Bleibt völlig unbewegt
Ich nehme das zum Anlaß
Komm langsam zur Ruh
Kenn das ja nicht anders
Und lege mich dazu

Eingeschlafen

(10.11.2009)

Auf dem Stuhl der Vergangenheit
Gefesselt sitzt das Hier und Heute
Denkt dabei an die Freiheit
Schaut flehend zur müden Meute
Und glaubt an das Erwachen

Die Fesseln werden immer enger
Schnüren manche Stellen wund
Blicke werden immer strenger
Geben seine Meinung kund
Es glaubt an das Erwachen

Doch sieht es den Fehler ein
Wird ganz klein und unscheinbar
Will nicht mehr gefangen sein
Wie es schon so lange war
So ist es selber eingeschlafen

Strom aus

(11.11.2009)

Ich rieche wieder nur nach Wut
Ein jeder hats in seiner Nase
Mancher findets gar nicht gut
Diese Anti-Wohlfühl-Phase

Meine Augen schreien Worte
Die Du nicht mal zu denken wagst
Sind von der übelsten Sorte
Was Du auch sogleich beklagst

Soll mich bitte zusammenreißen
Egal wie sehr es mir mißfällt
Alles einfach mal gut heißen
Auch wenns sich als schwer rausstellt

Habe es ja lang probiert
Langsam fehlt mir echt die Kraft
Ich hab mich lang genug geziert
Klau dem Radio den Saft

Wetterfühlig

(11.11.2009)

Sie ist an uns vorbei gezogen
Die Wolke aller Klagen
Trauer wäre jetzt gelogen
Auch Freude will noch niemand wagen
Der Nebel der Unwissenheit
Zieht derweil seine Kreise
Und schickt mit großer Sicherheit
Das nächste Wetter auf die Reise
Die neue Wolke ist zu sehen
Kommt mit starkem Sturm herbei
Zu hören ist schon lautes Flehen
Und so mancher Hilfeschrei
Es ist das Wetter des Entsetzens
Selbst Schirme sind entrüstet
Vom Regen des Verletzens
Dem es nach Schmerz gelüstet
Nachdem auch das vorüber
Klart alles wieder auf
Es ist den meisten lieber
Doch schaue ich hinauf

Sehe ich ein helles Feuer
Erinnert an die Verendung
Will wieder an das Steuer
Die Sonne der Verblendung

Gegenwart vergessen

(12.11.2009)

Der Gang durch die Straßen
Fällt täglich etwas schwerer
In sehr hohen Maßen
Werden die Köpfe leerer
Ein Blick in diese Richtung
Die sich Zukunft nennt
Raubt fast jede Hoffnung
Wie mans gut erkennt
Durch einen kleinen Blick zu Dir
Wird alles andere egal
Verleg das Jetzt und Hier
Auf ein andern Mal
Verlege alle Sorgen
Und was dazu gehört
Auf den nächsten Morgen
Der mich heut noch nicht stört

Geschmackstäuschung

(19.11.2009)

Mir schmeckt der Tod anscheinend sehr gut
Ich koste ihn grad voller Genuß
Gewürzt mit Verzweiflung und starker Wut
Und allem was sonst dazu muß

Messer und Gabel laß ich bei Seite
Stürze mich mit den Händen drauf
Der Geschmack trifft mich mit voller Breite
Schlägt auf meinen Nerven hart auf

Doch leider wird mir langsam bewußt
Daß ich mich einer Täuschung hingebe
Und wieder packt mich der tiefe Frust
Weil ich weiß daß ich noch lebe

Wahre Sage

(20.11.2009)

Einst hörte ich von einer Sage
Einem Mythos gleichgestellt
Hielt sie damals noch für wage
Obgleich sie mich auch heut festhält

Sie handelt von zwei Herzen
Die zueinander finden
Immun gegen alle Schmerzen
Wenn sie sich recht verbinden

Diese Bindung heißt Vertrauen
Sie ist sehr schnell empört
Läßt sich nur sehr schwer aufbauen
Wenn sie erst einmal zerstört

Drum behüte sie gut
Die Liebe sie ist wahr
Verliere nie den Mut
So bleibt sie sicher da

Kalter Tod

(20.11.2009)

Tief im Fleisch steckt das Metall
Eine Klinge purer Stahl
Reißt entzwei was grad noch eins
Nennt das Leben alsbald seins
Letzte Luft dringt aus der Lunge
Kalt werden Lippen und die Zunge
Augen glasig starren ins Nichts
Teilen den Ausdruck des Gesichts
Wirken Angst und Furcht erregt
Werden auch vom Stahl zerlegt
Wirklich alles geht entzwei
Nur nicht dieser schrille Schrei
Der sich mir ins Ohr gebrannt
Als Du kreischend weg gerannt
Dein Fall war Dein Untergang
Das Messer sehr schnell in Dich drang
Dein Schrei nur noch in meinem Hirn
Bringt Gänsehaut auf meine Stirn

Erleuchtet

(23.11.2009)

Das Licht es flackert immer schneller
Macht mich beinahe wahnsinnig
Hier unten im dunklen Keller
Scheint es fast schon abtrünnig

Wie ein kleines Stück Papier
Wie ein verwirrter armer Wicht
Sitz ich in der Ecke hier
Schau auf das flackernde Licht

Hypnotisch wirkt es auf mich ein
Nur will es mir gar nichts erzählen
Will an meiner Seite sein
Bis mir alle Sinne fehlen

Es ist soweit ich gebe auf
Mich zu wehren bringt es nicht
Bevor ich gegen die Wand lauf
Werd ich eins mit diesem Licht

Reparabel

(23.11.2009)

In Scherben liegt die kleine Welt
Sieht nichts mehr was sie noch hält
Hier von diesem kalten Ort
Will sie nunmehr endlich fort
Friert nur noch zittert gar
Wo es früher so behaglich war
Einst herrschte hier Glück und Frieden
Doch sind sie dahin geschieden
So wird es dunkler jeden Tag
Was sie zu Tränen rühren mag
Der Kälte und der Dunkelheit
Ist die kleine Welt geweiht
Bis sie endlich nach langer Zeit
Von diesem Elend ist befreit
Weil zu später Stunde prompt
Der Hausmeister vorbeikommt
Der die Probleme schnell behebt
Was die Welt wiederbelebt

Lebensgeschichte

(24.11.2009)

Lautlose Schreie hört niemand
Nur Augen nehmen sie wahr
Egal ob geritzt oder gebrannt
Stellen sie Geschichte dar
Geschichte von einem Leben
Vom Schmerz verfolgt und gehetzt
Von einem ständigen Geben
Es wurde sooft verletzt
Spürt innerlich noch all die Hiebe
Seelisch sowie körperlich
Gepeinigt von Haß und Liebe
Im Herzen ein tiefer Stich
Von den guten alten Zeiten
Die Erinnerung verblich
Bevor die Schmerzen sich noch weiten
Schließt nun die Geschichte sich

Lebendig begraben

(24.11.2009)

Das Schaubild wirkt so monoton
Grenzt beinah an großem Hohn
Seh immer die gleichen Farben
Und fühle mich schon wie begraben

Auf dem Körper festgebunden
Sind alte wie auch neue Wunden
Schaue auf all diese Narben
Und fühle mich schon wie begraben

Im Park gehe ich spazieren
Wo Vogelaugen mich anstieren
Hör das Krächzen dunkler Raben
Und fühle mich schon wie begraben

Hatte Stimmen noch vernommen
Denen ich näher gekommen
Die mich laut gerufen haben
Und fühle mich schon wie begraben

Über all dem Schutt des Lebens
Suchte ich lange vergebens
Nach Gründen warums immer schlechter
Erntete dafür Gelächter
Spür wie meine Sinne starben
Und bin lebendig begraben

Verflucht

(26.11.2009)

In einem Tagebuch
Steht es niedergeschrieben
Wie ein alter Fluch
Einst Schindluder getrieben

Schon Jahre ist es her
Da hat alles angefangen
Träume wurden schwer
Und wurden aufgehangen

Große und auch kleine
Egal wie fern oder wie nah
Stellte er schon Beine
Wenn der sie nur sah

Er befiel fast alle
Besonders junge Leute
Haftete als Kralle
Im Hirn der großen Meute

Er trägt einen Namen
Den keiner wirklich gern ausspricht
Doch in diesem Rahmen
Geht es leider anders nicht

Der Name ist ein Flop
Der gar viele Ohren peinigt
Er nennt sich Hip Hop
Ist von Intellekt bereinigt

Stumpf stupides Aufsagen
Von den immer gleichen Sätzen
Die gar keinen Inhalt tragen
Kann doch wirklich keiner schätzen

Drum gebet reichlich Acht
Vor diesem Kleingeist-Fluch
Auf daß ihr erwacht
Bevor er euch heimsucht

Sonntagsdenker

(27.11.2009)

Der Gedanke im Gehirn
Treibt mir Falten auf die Stirn
Treibt den Schweiß mir ins Gesicht
Daran denken will ich nicht

Ich seh die letzte Stunde naht
Egal wie ich um Gnade bat
In Kürze ist es vorbei
Wünsche mich davon nur frei

Es läßt sich nicht aufhalten
Tiefer werden meine Falten
Mein Gesicht sieht trostlos aus
Alle Freude ist dort raus
Still fange ich an zu wein´
Muß denn morgen Montag sein?

Gefühlsballade

(01.12.2009)

Die Freude und das Leid
Kann keiner auseinander bringen
Sie kommen stets zu zweit
Auch wenn sie sehr verschieden klingen

Gehen zusammen auf Dich zu
Öffnen Dir Dein armes Herz
Lassen ihm nun keine Ruh
Bringen Glück aber auch Schmerz

Wecken schnell Empfindungen
Mal miese und mal schaurig schöne
Kosten Überwindungen
Besonders die tiefen Töne

Ein gar schönes Hörspiel
Kann die Liebe uns darbieten
Doch mancher schon vom Himmel fiel
Als Töne aneinander rieten

Klänge können gut vereint
Sehr schnell in uns Freude treiben
Bei denen fast jeder meint
So soll und wird es immer bleiben

Andere Klänge wiederum
Die in den Untertönen schwingen
Stimmen uns gern wieder um
Wollen Tränen herbei singen

Besonders in der Liebe
Die zwischen zwei Herzen steht
Gibt es immer wieder Hiebe
Von Freude und von Leid gesät

Strafend wirkt das Elend
Wenns Leid über der Freude thront
Und selbst die Freude nur sehr quälend
Dem kleinen Herzen inne wohnt

Klingt düster diese Melodie
Die unser Ohr ganz klar vernimmt
Grenzt manchmal an Ironie
Wodurch sie uns schnell traurig stimmt

Helle Töne mittendrin
Lassen uns dann erneut flehen
Vernebeln gleich jeden Sinn
Sollen nie mehr von uns gehen

Plötzlich wird es leise
Vernehme nur noch kleines Summen
Am Ende dieser Reise
Wird auch dieses bald verstummen

Kalte Süßspeise

(01.12.2009)

Eine Köstlichkeit des Lebens
Als Belohnung allen Strebens
Wartet auf mich ganz am Schluß
Wenn der Tod mir gibt den Kuß
Den ich lang schon herbei sehne
Zerfetzt sind längst alle Pläne
Sind am Boden tief im Dreck
Wahrscheinlich für immer weg

Abgestumpft von all den Schlägen
Will ich mich nicht mehr bewegen
Kann mich ja auch kaum noch rühren
Dafür bald das Ende spüren
Trübe wird mein starrer Blick
Kälte durchzieht mein Genick
Merke wie das Blut gefriert
Was mich sogleich fasziniert

Schmecke nun die Köstlichkeit
Die mich von der Welt befreit
Vom Kuß des Todes ausgelöst
Schnell meinem Körper eingeflößt
Durchdringt die Kälte meinen Leib
Mit dem ich nun nicht mehr viel treib
Lieg am Boden und geh ein
So einfach kann alles sein
Befreit von den ganzen Qualen
Darf ich mit dem Leben zahlen

Teilweise

(02.12.2009)

So sitze ich nun wieder hier
In Gedanken tief versunken
Erkenne nichts mehr von mir
Gänzlich bin ich drin ertrunken

Hilflos zieht es mich hinunter
Einmal mehr kann ich es spüren
Immer weiter geht es runter
Läßt mich bald den Grund berühren

Am Grunde des Gedankenmeeres
Liegt ein Puzzle arg zerstreut
Wie schon festgestellt ein schweres
Doch versuche ichs erneut

Die meisten Teile wirken gleich
Sind wirklich nur schwer zu trennen
Werden im Wasser langsam weich
Zeit scheint mir davon zu rennen

Ein Abschnitt ist jetzt zusammen
Es ist ein Herz mit vielen Tränen
Viele Wunden und auch Schrammen
Kann sich nur nach Wärme sehnen

Es macht nur einen Teil aus
Im Spiel gleich auch wie im Leben
Doch wirft man diesen Abschnitt raus
Ist schon alles aufgegeben

Stück für Stück mach ich voran
Bis ein ganzes Bild entsteht
Sodaß man gut erkennen kann
Worums in meinem Leben geht

Nachdem ich alles fertig hab
Schaue ich auf das Bild drauf
An dem ich mir viel Mühe gab
Schon löst es sich im Wasser auf

Wiederholungsfehler

(03.12.2009)

Es gab einmal eine Geschichte
Die machte jede Freud zunichte:

Der Kampf des Lebens schien verloren
Die Depression war auserkoren
Den Weg des Lebens zu bestreiten
Egal mit welchen Schwierigkeiten

Sie zog umher mir ihren Schergen
Nicht einer konnte sich verbergen
Vor der Macht der Traurigkeit
Die viele Tränen hat befreit
Jeden dieser Tropfen zählend
Entfesselte sie Leid und Elend

Für viele war es Schmach und Schand
Regen fiel im ganzen Land
Mies gelaunt für alle Zeit
Beinahe schien es soweit

Daß die Depression gewonnen
Alle Hoffnung schon zerronnen
Alles in Scherben und in Trümmern
Niemand sollte sich drum kümmern

Als es fast soweit gewesen
Lies sich in der Stimmung lesen
Daß selbst die Schergen sich umkehrten
Und sich mit allen Mitteln werten
Denn die Depression als Leiter
Brachte auch sie nicht wirklich weiter

Das Lächeln war zwar längst vergangen
Nur hatte mancher das Verlangen
Die Depression schnell zu beenden
Aber konnts nicht mehr abwenden

Doch gelernt hat keiner drauß
Oder siehts heut anders aus?

Abendessen

(03.12.2009)

Der Besuch kam mir gelegen
Hunger hatte ich schon lang
Draußen strömte kalter Regen
Also gab ich nach dem Drang
Ging in die Küche hin zum Herd
Heizte schon den Ofen an
Ist ja auch nicht so verkehrt
Wenn man dann gleich speisen kann
Die Nachbarin ganz ahnungslos
Saß wartend auf mich am Tisch
Ich verriet ihr gestern bloß
Daß das Essen heut ganz frisch
Der Ofen war gut temperiert
Klingen waren alle scharf
So fragte ich ganz ungeniert
Ob ich zubereiten darf
Mit einem Lächeln im Gesicht
Stimmte sie der Frage zu
Nur ahnte sie ja auch noch nicht
Was ich daraufhin gleich tu

Ich nahm ihre zarten Hände
Sie fühlte sich davon geschmeichelt
Ahnte nichts von ihrem Ende
Hab sie ein letztes Mal gestreichelt
Gewürze standen schon bereit
Ofenblech war eingefettet
Also war es an der Zeit
Daß vom Hunger ich errettet
Meine Hand griff nach dem Messer
Der Schrei war wirklich nur kurz
Die Ruhe war dann deutlich besser
Wie ein Vieh kam sie zum Sturz
Ich schnitt die wichtigsten Teile
Fein und säuberlich von ihr
Nur die groben mit dem Beile
Gestillt wurd bald meine Gier
Der Schenkel hat so gut geschmeckt
War so würzig war so zart
Sie hat schon früh in mir gesteckt
Diese kleine feine Art

Postmann

(08.12.2009)

An der Tür der Postmann schellt
Wodurch der Köter erregt bellt
Will ihm in die Wade beißen
Oder endlich raus zum Spielen

Die Dame an der Türe nackt
Der Postmann von Scham gepackt
Sie will ihn kurz herein bitten
Zeigt auf ihre blanken Wände

In die Wohnung eingetreten
Hört man die Frau leise beten
Will kurz in das Päckchen blicken
Und dann mit dem Postmann reden

Sie sagt sie sucht einen Mann
Der auch mal zupacken kann
Der Postmann freundlich am Nicken
Schließlich will er nun gleich gehen

Sitzen beide auf dem Bett
Unterhalten sich noch nett
Die Zeit ist weiter getickt
Sodaß der Postmann sie verläßt

Abgetreten

(16.12.2009)

Der Tritt von der Wirklichkeit
Schmerzt tief bis zum müden Herzen
Das lauter um Erlösung schreit
Pustet aus die letzten Kerzen
Die noch Licht ins Leben brachten
Es hin und wieder mal erhellten
Manch Momente die da lachten
Lange in den Ohren schellten
Mit einem Mal sind sie beendet
Der Schmerz übertrifft das Lachen
So hat sich das Herz abgewendet
Sollen alleine weiter machen

Verloren

Ich hab den Draht zu Dir verloren
Ihn nicht wieder gefunden
Ihn überall gesucht
Doch er ist und bleibt verschwunden
Hilflos in der Leere
Meines kurzen Lebens
Suche ich weiter
Doch such ich vergebens
Du bist soweit weg
Für mich unerreichbar
Ich fühle Dich noch
Nur bist Du nicht mehr faßbar

Verkümmert

(05.01.2010)

Geronnenes Blut bröckelt vom Fleisch
Arme schon kalt Gesicht kreidebleich
Liegt der Körper hier schon seit Tagen
Stellt der Gesellschaft sehr viele Fragen

Geruch des Vergessens zieht durch die Luft
Verbreitet langsam seinen Duft
Keiner kümmert sich ums verblühte Sein
Sie halten viel lieber fest an dem Schein

Das Fleisch vergeht gleichsam der Zeit
Langsam und schleppend vom Leben befreit
Zerfällt ganz langsam in aller Ruh
Niemand ist da doch sieht jeder zu

Krieg

(05.01.2010)

Von Gefühlen zerrissen
Sie führen wahren Krieg
An der Front das Gewissen
Kämpft auch um seinen Sieg
Gefühl gegen Gewissen
Vernunft gegen Mißgunst
Jeder kämpft verbissen
Fast wie in der Brunst
Jeder gegen Jeden
Und alle gegen mich
Lassen nicht mit sich reden
Sie bekämpfen sich
Das Herz als Kriegszone
Mit Stacheldraht umschnürt
Ein Krieg um die Krone
Wird weiter hoch geschürt
So zerreißts vollständig
In tausend kleine Teile
Es leidet nur lebendig
Und das schon eine Weile

Keine klaren Gedanken
Dringen ins Gehirn
Bringen mich zum Wanken
So geh ich zu Boden
Wo die Verzweiflung liegt
Ich frag mich wieso denn
Doch bin ich längst besiegt

Lebenslaub

(07.01.2010)

Das braune Blatt fällt ab vom Baum
Wird vom Wind davon getragen
Nur kümmert es die meisten kaum
Lohnt sich nicht ihm nachzujagen

Der Regen bremst den Flug nun ab
Reißt es mit sich schnell zur Erde
Obwohls soviel zu sehen gab
Was es nie mehr sehen werde

Es verendete nach kurzer Zeit
Viele traten auf ihm rum
So sieht es sich als befreit
Denn die Zeit ist endlich um

Ecke des Lebens

(08.01.2010)

Wieder sitz ich in der Ecke
Schaue auf den Boden bloß
Hoffe daß ich bald verrecke
Wünsche mich vom Leben los
Kann all das nicht mehr ertragen
Ist alles längst viel zu viel
Keine Antwort tausend Fragen
Das Leben ist ein fieses Spiel
Regeln sind nicht zu erkennen
Jeder spielt wies ihm gefällt
Will mich davon nur noch trennen
Weil mich hier nichts mehr hält
Laß ganz still die Zeit vergehen
Verliere mich und die Gedanken
Kann keinen andren Ausweg sehen
Werde weiter Elend tanken
Bis ich endlich mein Ziel erreicht
Leblos nicht nur innerlich
Der Sensenmann mich leis umschleicht
Nur dahin wahr ich Zuversicht

Eisige Kälte

(11.01.2010)

Der Frost fährt durch Arm und Gebein
Bin mit meinen Schmerzen allein
Mir ist kalt trotz all der Hitze
Friere obgleich ich auch schwitze
Kann schon lang kein Glück mehr sehen
Fange daher an zu flehen
In diesem Leben dieser Welt
Ist nicht viel was mir gefällt
Der Spiegel schaut mir ins Gesicht
Doch mich erkennen kann ich nicht

Die Eises Kälte meiner Glieder
Erkenne ich im Herzen wieder
Es schlägt kaum noch und läuft blau an
Wodurch ich fast nur weinen kann
Gefühle sind bald am Erstarren
Beginnen schon wie morsch zu knarren
Dunkel wirkt der Alltag hier
Kommt kein helles Licht zu mir
Der Spiegel schaut mir ins Gesicht
Doch mich erkennen kann ich nicht

Meine Tränen beinah Eiskristalle
Gleichsam einer Tiefkühlhalle
Dringen immer schwächer heraus
Mit meinem Atem ist es fast aus
Seh lang keine Perspektive
Dem Sinn des Lebens fehlts an Tiefe
So sprenge ich die kalten Ketten
Versuch mein Elend zu erretten
Der Spiegel schaut mir ins Gesicht
Mich wiederfinden wird er nicht

Lachende Verzweiflung

(12.01.2010)

Wieder schwebt die schwarze Feder
Dreht gemütlich ihre Runden
Braucht keine Flügel keine Räder
Hat ihr nächstes Ziel gefunden
Kitzelt ein paar kleine Tränen
Aus dem Auge dieses Lebens
Zu hören ist ein leises Gähnen
Aufmunterung sucht sie vergebens
Die Verzweiflung hört man lachen
Sie gewann die Oberhand
Freude winselt still um Gnade
Steht mit dem Rücken an der Wand

Wut gegen Mut

(12.01.2010)

Innerlich von Wut zerfressen
Hallt der Schrei sehr weit hinaus
Will das Elend schnell vergessen
Diesen altbekannten Graus

Es sitzt fest wie ein Furunkel
Drückt wie ein zu enger Schuh
Grelles Licht wird dadurch dunkel
Läßt keine Lichtblicke mehr zu

Das Elend tief in Wut gepackt
Fühlt sich darin richtig gut
Hat das Glück schön klein gehackt
Den Träger verläßt jeder Mut

Entfacht

(13.01.2010)

Auf der Haut so schöne Schmerzen
Tropft das Wachs der heißen Kerzen
Bringt dem Körper neues Leben
Will ihm wieder Hoffnung geben
Durst nach Reizen wird gestillt
Herz klopft schneller und wie wild
Jeder noch so kleine Tropfen
Verstärkt das intensive Klopfen
Der ganze Leib ist wild am Toben
Wie im siebten Himmel oben
Schreie dringen aus dem Mund
Geben die Erregung kund
Voll Ekstase heiter froh
Brennt bald alles lichterloh

Frei

(20.01.2010)

Wohlige Wärme erfüllt den Raum
Erscheint es noch wie ein schöner Traum
Endlos viel Platz trotz Gemütlichkeit
Und bin von Ängsten und Sorgen befreit

Ein breites Grinsen durchzieht das Gesicht
Kummer zu haben lohnt sich hier nicht
Zu jeder Schandtat endlich bereit
Und bin von Ängsten und Sorgen befreit

Jeder Wunsch von den Augen gelesen
So schön ist es nirgends gewesen
Liege längst in der Ewigkeit
Und bin von Ängsten und Sorgen befreit

Zum Geburtstag

(22.02.2010)

Dreiundzwanzig Jahre bin ich nun am Leben
Eine Erlösung wollt mir keiner geben
Bin hier gefangen komme nicht frei
Mein letztes Wort ist ein langer Schrei
Zu tiefst gepeinigt vom Ablauf der Zeit
Bin ich schon lang zum Abschied bereit
Umschließe die Klinge lege mich hin
Um auch zu zeigen daß ich bereit bin
Sage: „Leb wohl" zu meinem Sein
Langsam doch sicher verklingt mein Schrein

Neubeginn II

(23.02.2010)

Was soll später aus mir werden?
Für mich wirds kein Später geben
Will bald weg von Erden
Hab genug vom Leben

Ich stehe vor dem Schluß
Nur Du hältst mich noch auf
Hältst mich ab vom Schuß
Hältst die Kugel noch im Lauf

Läßt mein Herz wieder erblühen
Gibst mir neue Energie
Beginnt alles neu zu glühen
Nicht nur meine Phantasie

Danke

(23.02.2010)

Ganz weit unter meiner Brust
Schlägt ein Herz mit tiefem Frust
Liegt am Boden schwer verletzt
Hat sich sooft abgehetzt
Langsam kommt es nun zur Ruh
Schaut all dem hier nur noch zu
Kuschelt sich an Deine Seite
Die mich schon vom Leid befreite
Von Deiner Liebe eng umschlungen
Ist ihm ein kleiner Coup gelungen
Hat fast allen Schmerz verdrängt
Wurde sehr gut abgelenkt
Schenkt Dir aus lauter Dankbarkeit
Seine ganze Lebenszeit

Irgendwann

(25.02.2010)

Du drehst Dir die Welt wie sie Dir grad paßt
Damit Du den größten Nutzen von hast
Es ist Dir egal wie es anderen geht
Weil sich alles nur um Dich dreht

Benutzt alle nur und läßt Dich gern tragen
Dazu kann ich schon lang nichts sagen
Auch ich stand einst fest hinter Dir
Doch öffneten sich die Augen von mir

Habe erkannt was hinter Dir steckt
Bevor ich beinahe an Dir verreckt
Manche folgen Dir immer noch blind
Weil sie einfach zu gutgläubig sind

Doch glaube mir auch sie werden wach
Dann trauerst Du alten Zeiten nach
Stehst dann alleine in weiter Leere
Fühlst wohlverdient die innere Schwere

Engel

(02.03.2010)

Mein kleiner Engel
Du gibst meim Leben einen Sinn
Bist der schöne Grund
Wegen dem ich glücklich bin

Hast mich aufgebaut
Mir immer Kraft gegeben
Bist der kleine Funke
Der mich hält am Leben

Viele dunkle Zeiten
Hab ich ohne Dich erlebt
Netze voller Träume
Mit Deinem Sein gewebt

Mauern tiefer Depressionen
Schufen dichte große Wände
Jetzt sind sie durchbrochen
Reichen uns nun unsere Hände

Machst mich wieder glücklich
Bist mein Lebenselexier
Für immer und ewig
Gehöre ich völlig Dir

Fensterblick

(08.03.2010)

Wieder sitze ich am Fenster
Schau in die Ferne raus
Das kleine Fünkchen Freude
Glimmt allmählich aus

Will gar nicht daran denken
Wie der Tag ausgeht
Spür schon tiefe Wunden
Am Körper ausgesät

Warm ist noch die Klinge
Tropfen fallen nieder
Farben wirken grau
Taub die Augenlider

Tränen fallen tief
Bis zum kalten Boden
Beginnen langsam aber sicher
Alle Hoffnung abzuroden

Schwärzer wird der Blick
Vor kurzem noch leicht verschwommen
Flüchte ich vorm Leben
Und bin schon fast entkommen

Herum hängen

(12.03.2010)

Lokalverbot für schlechte Laune
Hab ich heute mal verteilt
Schließlich fänd ich es nicht gut
Wenn sie mich erneut ereilt
Viel zu lang schon war sie hier
Hat uns und unsren Blick getrübt
Hat sich bei uns eingelebt
Und ihre Pflichten ausgeübt
Doch vorbei die dunkle Zeit
Ein Licht scheint endlich aufgegangen
Nun baumle ich ganz lässig
Habe mich kurz aufgehangen

Sorgenfrei

(25.03.2010)

Ein Blick in Deine Augen
Verrät mir Deine Sorgen
Ob die Menschen etwas taugen
Angst vorm nächsten Morgen
Verstehen kann ich sie sehr gut
Schließlich teil ich sie mit Dir
In uns schwindet jeder Mut
Zeitgleich wächst die alte Gier
Am liebsten würd ich mit Dir fliehen
Alle Sorgen blieben hier
Einfach schnell von dannen ziehen
Ganz alleine nur mit Dir
So halte ich nun Deine Hand
Hab unsre Zukunft im Gepäck
Bin von Dir völlig gebannt
Schmeiß all den alten Kummer weg

Kummerkasten

(28.03.2010)

Er steht so in der Gegend
Ist lang restlos überfüllt
Sein Inhalt war oft sehr bewegend
Hat ihn manchmal angebrüllt

Lang ist es zuviel des Guten
Zuvieles hat er aufgesaugt
Beginnt allmählich stark zu bluten
Wirkt langsam arg ausgelaugt

Die Augen tief-rot unterlaufen
Tränen brennen in den Lidern
Wie ein kleiner Elendshaufen
Beginnt ihn alles anzuwidern

Denkt zurück an alte Zeiten
Wo all die Sorgen noch viel kleiner
Die sich heut auf ihm ausbreiten
Unterstützen will ihn keiner

So platzt der kleine Kummerkasten
Bald aus allen Nähten
Für ihn gibt es lang kein Rasten
Ungehört bleibt selbst sein Beten

Stille

(20.04.2010)

Die Stille in der kleinen Ecke
Bleibt hier langsam auf der Strecke
Vom vielen Reden krank geworden
Stimmen kreisen wie in Horden
Wirken auf die Stille ein
Scheinen jetzt am Zug zu sein
Quatschen ohne Punkt und Pause
Sind wohl im Gespräch zu hause
Lassen die Stille nicht in Ruh
Das Elend nimmt noch weiter zu
Vom Fieber schon sehr stark errötet
Ist die Stille fast getötet

Erneut

(23.04.2010)

Die Depression der alten Tage
Kehrt zurück gleich einer Plage
Überzieht den ganzen Ort
Vertreibt alle Freude dort
Zieht ein jeden in den Bann
Der sich nicht mehr wehren kann
Hat bald alle eingefangen
Selbst die grad noch glücklich klangen
Singen nun von Traurigkeit
Weit verbreitet dieser Zeit
Egal wo man die Ruhe sucht
Schon die Einsamkeit dort flucht

Siegerstunden

(25.04.2010)

Eine Hürde nach der andern
Baut sich in unsrem Leben auf
Schwerer wirds sie zu umwandern
Nur für Dich nehm ichs in kauf

Die Mauer die wir nun sehen
Zusammen reißen wir sie ein
Mag sie noch so feste stehen
Kann sie kein Hindernis mehr sein

Sind die Feinde noch so viele
Lachen kann ich über sie
Durchschaut sind lang ihre Spiele
Zwingen wir sie in die Knie

Eines Tages kommt die Zeit
In der wir alles überwunden
Sind auf ewig dann zu zweit
Und feiern diese schönen Stunden

Harfenklang

(28.04.2010)

Die Harfe erklingt noch in allen Ohren
Sie spielt Melodien der letzten Stund
Ist aus altem Elend heraus entstanden
Die scharfen Saiten schneiden alles Wund

Graben sich tief in das alte Leben
Graben sich tief in Herz und Gemüt
Der Blick nach vorn ist aufgegeben
Glaube an Zukunft allmählich verblüht

Das Leben vergeht die Töne verstummen
Das Gehör nimmt schon bald nichts mehr wahr
Zurück bleibt nur ein schmerzhaftes Brummen
Von jeder Schönheit und jedem Glück bar

Der Klang nur noch in der Erinnerung
Die Saiten haben den Körper zerstört
Alles eine große Verletzung
Herz hat mit dem Schlagen aufgehört

Liebewesen

(02.05.2010)

Lang war es finster in unsrem Leben
Nichts wollte uns Zuversicht geben
Kannten uns nicht doch suchten uns schon
Die lange Suche zeigt nun ihren Lohn

Halten uns jetzt fest in den Armen
Geben dem Glück bald einen Namen
Greifen es uns und halten es fest
Basteln uns ein gemütliches Nest

Legen uns rein zur Zweisamkeit
Genießen gemeinsam die schöne Zeit
Ich lasse Dich nie wieder los
Ziehe Dich zu mir auf meinen Schoß
Versuche weiter in uns zu lesen
Gehöre ganz Dir mein Liebewesen

Gleichsam

Hier im Buch steht die Legende
Fast verklangen ihre Namen
Von Freiheit ohne Ende
Ohne Grenzen oder Rahmen
Viele haben sie gesucht
Doch nie wieder gefunden
Den Verlust verflucht
Ihren Geist dafür geschunden
Die meisten liegen flach
Haben den Kampf längst aufgegeben
Sind langsam zu schwach
Und führen ihr Leben
Am Rande der Verzweiflung
Fern der alten Freiheit
Unter Beobachtung
Und zwingender Gleichheit

Asche

(04.05.2010)

Langsam wird die Asche kalt
Die nach dem Feuer übrig blieb
Wirkt sehr staubig grau und alt
Obwohl sie einst die Flamme trieb

Der Wind pustet die Asche fort
Sie zerstreut sich schnell beim Fliegen
Landet hier oder auch dort
Bleibt nirgends wirklich lange liegen

Der Asche Staub wird immer feiner
Ihre Reste fast vergessen
Die Erinnerung wird kleiner
Hat das Feuer aufgefressen

Blutleer

(20.05.2010)

Wieder schneidet sich die Klinge
Tief in Deine alten Wunden
Während ich Dir Lieder singe
Zählst Du qualvoll diese Stunden
Schreien hast Du aufgegeben
Viel zu oft es schon versucht
Hast nach nem Ausweg aus dem Leben
Viel zu lange schon gesucht
Neues Blut läuft übers alte
Tropft am geronnenen herab
Schorf in jeder kleinen Spalte
Starben viele Nerven ab
So wirst Du langsam abgetötet
Vom Schein des Jenseits überflutet
Deine Kleidung sich errötet
Bist Du schließlich ausgeblutet

Nachbarschaft

(20.05.2010)

Viel zu lang hab ich Dich ertragen
Viel zu viel gestaut die Wut
Doch endlich hab ich Dich erschlagen
Überall an mir klebt Blut

Jeder warme Fleck bringt Frieden
Jeder rote Tupfer Glück
Nur dank mir bist Du verschieden
Entschwindest langsam Stück für Stück

Nie wieder muß ich Dich nun hören
Nie mehr machst Du mich wahnsinnig
Wie oft sollt ichs Dir noch schwören
Entzweit ist jetzt Dein Genick

So schließ ich wieder deine Türe
Genieße die ersehnte Ruh
Zufriedenheit die ich nun spüre
Läßt ein weites Lächeln zu

Farbfülle

(10.06.2010)

Früh in meinem Tagebuch
Als mir das Schreiben noch verschlossen
Malte ich Bilder ohne Stifte
Hab so manches Blut vergossen

Jedes Bild ein Meisterwerk
Erzählt jeweils eine Geschichte
Von einem Leben das verlebte
Das junge Blut ging früh zunichte

Viele wollten vor mir fliehen
Nur wenigen ist es geglückt
Bei dem Anblick meiner Klinge
Wurden sie vor Angst verrückt

Sie liefen schrien laut um Hilfe
Keiner mehr der ruhig war
Dank der Klinge sie verklangen
Schreie wurden ziemlich rar

Ich male weiter meine Bilder
Farben gehen mir nicht aus
Gibt ja immer Farbpaletten
Denen fremd ist dieser Graus

Gestochen

(10.06.2010)

Der Stachel der Verzweiflung
Bohrt sich in das Gemüt
Das grad noch voller Hoffnung
Und Freude hat geblüht

Sticht in das junge Leben
Das eben noch gesund
Wollte nach Glück streben
Ist jetzt völlig wund

Liegt erschöpft am Boden
Völlig regungslos
Ohne jeden Glauben
Sucht ein Ende bloß

Die Beule sie wird dicker
Quetscht das kleine Leben
Der Stachel hat es geschafft
Es hat aufegeben

Rampenlicht

(18.06.2010)

Von hier oben schön zu sehen
Wie die Leute unten stehen
Jeder Blick zu mir gerichtet
Keiner der darauf verzichtet
Mich zu sehen diese Stunde
Kostbar ist jede Sekunde
Ich nutze die Gelegenheit
Und genieße diese Zeit
In euren Blicken das Entsetzen
Weiß ich wirklich sehr zu schätzen
In Gedanken den Applaus
Breite ich die Arme aus
Geh den letzten Schritt von allen
Laß mich in die Tiefe fallen
Der letzte Moment Adrenalin
Läßt mich aus dem Leben fliehn

Spiegelflucht

(22.06.2010)

Mein Blick in den alten Spiegel
Ist verstaubt und unkenntlich
Risse Splitter groß wie Ziegel
Überschatten mein Gesicht

Was er nicht alles gesehen
Welch Augenblicke reflektiert
Viel ist in der Zeit geschehen
Hat viele Jahre schon passiert

Er genießt und leidet schweigend
Alles zieht an ihm vorbei
Jedes Elend vor sich zeigend
Egal wie schaurig es auch sei

Ich schau hinein und wirke alt
Kann mich kaum wiedererkennen
Mein Blick ist glasig und so kalt
Scheint vor mir davon zu rennen

Sprichwörtlich

(23.06.2010)

Der frühe Vogel fängt den Wurm
Alles gute kommt von oben
Die Ruhe herrscht vor dem Sturm
Nur wilde Stürme toben
Was Du heute kannst besorgen
So heißt es überall
Verschiebe nicht auf morgen
Hochmut kommt vor dem Fall
Faß Dir an die eigne Nase
Bevor Du auf andre zeigst
Das Glück ist eine Seifenblase
Jeder Zettel einmal reißt
Jeder als seines Glückes Schmied
Hat das Schicksal in der Hand
Als Ungelernter es geschieht
Daß mancher daran verbrannt
Jeder als Individuum
Doch alle sind wir gleich
Wer nicht hinterfragt bleibt dumm
Auf geht es zum nächsten Streich

Sprichworte bestimm das Leben
Aller guten Dinge drei
Sind feste Ketten gegeben
Bleiben die Gedanken frei

Fahrradhelm

(28.06.2010)

Neulich fuhr der alte Schelm
Auf dem Fahrrad ohne Helm
Was er bereute als es knackte
Und er sich auf den Boden packte
Ein andres Rad am Kopf ganz sachte
Einen schnellen Bremser machte
Kam ins Schlingern und zum Stürzen
Wollte auch die Straße würzen
Der Bus der gleich dahinter fuhr
Sah die beiden fliegen nur
Konnt beim Bremsen sie nicht sehn
Blieb auf ihren Köpfen stehn
Ob das Gewicht vom Helm getragen
Bleibt beim TÜV noch zu erfragen

Tote Lüge

(29.06.2010)

Du schreist mir die Lüge direkt ins Gesicht
Doch sie prallt ab fällt nicht ins Gewicht
Versuchst schon lange mir sie weiß zu machen
Ich hab sie erkannt hörst mich nur lachen
Keines Deiner Worte scheint mir relevant
Das Geheuchle dahinter hab ich lang erkannt
Noch gibt es zu viele die darauf reinfallen
Nur glaub mir auch diese werden es schnallen
Daß Du ein großes Lügengerüst
Hinter den Lichtern der Wahrheit bist
Die Ideale die Du vertrittst
Hast Du sehr vielen schon eingeritzt
Doch eines Tages werden auch sie erwachen
Langsam doch deutlich die Augen auf machen
Seh sie schon bröckeln Deine Fassade
Sie zu renovieren ist die Zeit viel zu schade
Es lohnt nicht mehr sie aufrecht zu halten
Allmählich beginnen auch andre zu schalten
Zu realisieren was hinter Dir steckt
So bitter Dir das jetzt leider auch schmeckt

Die lächelnde Maske fällt von Dir herab
Begleitet Dich leise ins verdiente Grab
Dein letztes Stündlein hat nun geschlagen
Wirst von der Wahrheit zu Grabe getragen

Ungewiß

(30.06.2010)

Mich überkam ein Traum
Der mir bislang noch fehlte
Nur erkannte ich kaum
Was er mir da erzählte
Er war so undeutlich
Konnt ihn wirklich kaum hören
Klang schon fast bedrohlich
Und wollte sich selbst zerstören
So verschwamm der Glaube
Ihn einst doch zu erkennen
Unter der dichten Haube
Fing er plötzlich an zu brennen
Er zerfloß in seine Stücke
Unerkannt zog er von dannen
Hinterließ ne große Lücke
Die Ungewißheiten begannen
Durchfließen nun meine Gedanken
Halten mich in Fesseln fest
Beginne allmählich zu wanken
Geben mir als bald den Rest

Gebündelter Zorn

(01.07.2010)

Kein Haar von Dir werd ich verschonen
Für Deine Taten wirst Du leiden
Gefühle die lang in mir wohnen
Werden Dich in Scheiben schneiden

Das Messer fest in meinen Händen
Dein Blick vor Entsetzen starr
Werd Dein Dasein nun beenden
Was für mich so qualvoll war

Meine Wut ist nicht zu haltn
Tobt sich mit der Klinge aus
Würdest den Schmerz gern ausschalten
Für Dich ists der blanke Graus

Endlich geht vorbei Dein Leben
Kein Muskel jetzt sich mehr bewegt
Kannst mir so den Frieden geben
Die Wut ist endlich abgelegt

Todesbote

(04.08.2010)

Fast unerträglich ist diese Luft
Geschwängert von diesem räudigen Duft
Den der Bote mit hier her brachte
Worüber er lang und herzhaft lachte
Die Nachricht die er mir übergab
War eine Einladung zu meinem Grab
Ich schluckte erst schwer denn schon so oft
Hab ich den Tag herbei gehofft
Lang ist es her und der Wunsch verschwunden
Die Sehnsucht nach Tod ist überwunden
Daß Du mich jetzt suchst ist schlecht gewählt
Oft hab ich auf Deine Hilfe gezählt
Nie warst Du da und nun kommst Du an
Ob man für mich etwas machen kann
Ich muß Dich enttäuschen denn dieses Leben
Hat mir endlich einen Sinn gegeben
Nichts oder niemand kriegt mich mehr klein
Pack Deine Botschaft schnell wieder ein
Auf ewig bin ich in der Glückseligkeit
Mit meiner Elfe für immer zu zweit

Tränsucht

(15.08.2010)

Warst grad noch an meiner Hand
Nun ist sie wie ausgebrannt
Schmerzt denn Du bist nicht bei mir
Sehnt sich nur zurück zu Dir

Die kleine Träne beim Gedanken
An die Zeit bringt mich ins Wanken
Bin wieder alleine hier
Sehne mich zurück zu Dir

Das Herz schlägt weiter sieht zurück
Zu unserem zweisamen Glück
Daß ich die Hoffnung nicht verlier
Sehnt sich nur zurück zu Dir

Doch auch diese schwere Zeit
Ist irgendwann dem Ende geweiht
Aus dem Ich wird dann ein Wir
Und ich bin wieder nah bei Dir

Wichtelhausen

(16.08.2010)

An einem schönen Tag wie diesen
Sieht man einen kleinen fiesen
Wicht durch unser Städtchen ziehen
Und die gute Laune fliehen
Denn dieser kleine Wunderknabe
Ist gemein wie eine Schabe

Von unser aller Nerven zehrend
Dröhnt er weiter uns belehrend
Heuchelt uns die heile Welt
Was nur wenigen auffällt
Somit glauben noch sehr viele
An der Führung große Spiele

So zieht er weiter durch die Lande
Bleibt ja nicht einmal nah am Rande
Stehen um mal nachzusehen
Wie seine Untertanen flehen
Er möge sich doch mal besinnen
Und einfach von vorn beginnen
Zufriedenheit war nie sein Ziel
So führt er fort sein fieses Spiel

Letzter Besuch

(30.08.2010)

Dein letzter Weg führt her zu mir
Egal was Du tust wir treffen uns hier
Ganz gleich wie Du lebtest in welchem Land
Als letztes reich ich Dir die kalte Hand
Wie auch immer Du den Tag verbringst
Ob Du traurig bist oder fröhlich singst
Am Ende siehst Du mir direkt ins Gesicht
Egal ob Du willst oder auch nicht
Vor mir ist einjeder Mensch gleich
Ob bettelarm oder stinkreich
Niemand kann sich vor mir entziehen
Niemand kann flüchten niemand entfliehen
So erwarte ich nun auch Dich
Nur sag mir wann besuchst Du mich

Zorn

(30.08.2010)

Ich jag Dich schreiend durch die Nacht
Du hast es zu lang übertrieben
Jetzt beginnt die große Schlacht
Bis nichts mehr übrig geblieben

Die Angst tief in Deinen Blicken
Läßt Dich immer schneller rennen
Ich hetz Dich weiter mit Entzücken
Meine Klinge will Dich brennen

In einer aussichtslosen Ecke
Hast Du Dich endlich versteckt
Hoffst daß ich Dich nicht entdecke
Meine Schreie klingen verdreckt

Mein Blick starr auf Dich gerichtet
Geh ich langsam auf Dich zu
Darauf hättest Du gern verzichtet
Meine Klinge gibt Dir die letzte Ruh

Geschichte

(01.09.2010)

In einer Schale gut verpackt
Zerstückelt und klein gehackt
Liegt ein altes Stück Geschichte
Das mich einmal schwer erwischte
Duftet noch nach alter Zeit
Von der ich mich selbst befreit
Wird vergraben bald im Sand
Nachdem ich das Paket verbrannt
So schließ ich mit dem Teil ab
Der mir einmal soviel gab
Hab ihn lang genug ertragen
Geklärt sind längst alle Fragen
Seh nicht mehr zu ihm zurück
Denn in der Zukunft liegt mein Glück

Bild-Dung

(03.09.2010)

Ich lese immer Bild
Laß mir meine Meinung sagen
Glaube denen alles
Und brauch nichts hinterfragen
Sie haben schließlich Recht
Mit allem was sie schreiben
Kein einziger Artikel
Darf ungelesen bleiben
Sie schreiben was ich denke
Denken darf und denken soll
Was ich davon halte
Das ist einfach nur toll
Manches stimmt mich traurig
Manches zornig manches heiter
Wie von mir gefordert
Les ich immer weiter

Einsame Angst

(08.09.2010)

Kaum lieg ich in meinem Bett
Starr ich an die kalte Decke
Deine Nähe wär jetzt nett
Leer ist hier grad jede Ecke

Keine Wärme in der Nähe
Nichts von Dir hab ich nun hier
Spür ich wie ich bald durchdrehe
Und allmählich gänzlich frier

Niemand rief in mir hervor
Was Du bislang hast geschafft
Noch nie war das Leben zuvor
So einzigartig und traumhaft

Mich plagt nur eine Angst
Sie läßt mich förmlich frieren
Egal was Du verlangst
Ich will Dich nicht verlieren

Gedanke an Dich

(08.09.2010)

Seit ich Dich gefunden
Weiß ich erst was Glück ist
Soviel glückliche Stunden
Nur weil Du da bist
Nicht einen kleinen Moment
Mit Dir will ich verlieren
Auch wenn die Zeit immer rennt
Sollst Du mein Leben zieren
Ich blicke in die Zukunft
Doch schaue oft noch zurück
Wir kennen keine Vernunft
Und finden so unser Glück
Meine Liebe für Dich
Kann ich gar nicht beschreiben
Das Größte wäre für mich
Ewig bei Dir zu bleiben
Ich sage es Dir ehrlich
Brauch nichts schön zu reden
Wäre ich ohne Dich
Würds mich nicht mehr geben

Bändchen

(14.09.2010)

Der Himmel weint mit mir
Aus Sorge um Dich
Ich sitze nun hier
Und halt gedanklich
Dein zartes Händchen
Zum Schutz und aus Hoffnung
So stärkt sich das Bändchen
Für Deine Erholung

Abgefunden

(14.09.2010)

Wieder hab ich dies Gefühl
Es ist mir wie gesagt nicht neu
Ein altbekanntes langes Spiel
Sein Name ist Abscheu

Wenn ich an die Tage denke
Die ich einmal mit Dir verschwendet
All die Zeit und die Geschenke
Haben mich zu sehr geblendet

Die Einsicht kam zu spät
Doch besser spät als nie
Die Welt sich weiter dreht
Vergibt auch Idiotie

So habe ich noch eine Regung
Eine Botschaft ohne Überbringer
An der Hand eine Bewegung
Heb für Dich den Mittelfinger

Zu ruhig Blut

(21.09.2010)

Hab den Frust gefressen
Ganz tief in mich rein
Wollt ihn vergessen
Er sollte fort sein
Doch er kam wieder
In blanker Wut
Ließ sich in mir nieder
Verlangt nun nach Blut
So stürz ich hinaus
Und geb dem Trieb nach
Mit Ruhe ists aus
Weil ich sie durchbrach

Nähe

(21.09.2010)

Es war nur eine kurze Zeit
Doch vergaß ich all mein Leid
Denn ich war bei Dir

Auch wenn der Abschied wieder schwer
Genoß ich die Momente sehr
Denn ich war bei Dir

Alleine wieder weg von Dir
Sitze ich nun hilflos hier
Brauche Dich weil ich sonst frier

So froh

(24.09.2010)

Es geht fröhlich weiter
Nach außen immer heiter
Wohl gestimmt und gut gelaunt
Daß der Nachbar gänzlich staunt

Innerlich total zerstört
Jeder Glaube aufgehört
Daß die Zukunft Freude bringt
Weil das Leben tiefer sinkt

So schwindet die letzte Kraft
Aus dem bißchen Lebenssaft
Beugt sich hin kapituliert
Die Schauspielfreude gratuliert

Liebesbann

(26.09.2010)

Dein Zauber hält mich im Bann
Sodaß ich nicht entfliehen kann
Deine Nähe erfreut mich
Ach mein Schatz: Ich liebe Dich

Schlichtung

(28.09.2010)

Kalt sind die Hände die mich einst hielten
Die mir Freude schenkten und mit mir spielten
Leblos die Arme die mich umschlossen
Er kam kurz zu Dir und hat Dich erschossen
Die Rachegelüste tief in meinem Herzen
Bekämpften brutal jene starken Schmerzen
Er hängt noch immer an meiner Wand
Teils verstümmelt teils verbrannt
Sein Atmen wird lauter wegen der Qualen
Für was er getan darf er nun bezahlen
Das Wimmern hör ich schon den ganzen Tag
Es ist so erlösend ein Befreiungsschlag
Nun hat er geblutet für seine Tat
Mein Blick in den Spiegel suchend nach Rat
Nichts bringt Dich jemals zu mir zurück
Drum schau ich nochmal auf das letzte Stück
Er hat mir genommen was Du mir gegeben
So endet hier auch mein nun leeres Leben
Seine Pistole hat uns beide gerichtet
Und so die Sorge um uns geschlichtet

Neues Glück

(30.09.2010)

Es saß einsam auf der Straße
Niemand nahm sein Elend wahr
Hoffnungslos im hohen Maße
Der Blick war längst leer und starr

Seinen Namen fast vergessen
Sinn und Zweck lang unbekannt
Von Kummer innen zerfressen
Träume ewig ausgebrannt

Doch voll Stolz auf alte Taten
Blickte es nochmal zurück
Wollte einmal neu durchstarten
Denn sein Name war das Glück

Aufmerksamkeit

(01.10.2010)

Ich falle einfach auf
Werd immer gleich erkannt
Egal wohin ich lauf
Denn ich bin extravagant

Nein ich brauch kein Double
Allein mach ich das schon
Finde toll den Trubel
Er ist mein schönster Lohn

Die Blicke her zu mir
Die Lauscher aufgesperrt
Denn jetzt bin ich hier
Und jeder Würde wert

Untergehen

(03.10.2010)

Der Tropfen des Versagens
Läuft an der Stirn herunter
Bahnt sich den Weg des Klagens
Und geht ganz langsam unter

Scheinheilig

(05.10.2010)

Du hast Dich verraten und Dein Ideal
War Dir ganz plötzlich völlig egal
Mit Worten die mal so ehrlich klangen
Hast Du endgültig uns hintergangen
Für schnellen Ruhm und Aufmerksamkeit
Warst Du zu diesem Schritt gern bereit
Ehrliche Freunde willst Du scheinbar nicht
Spuckst ihnen mit Taten direkt ins Gesicht
Nun bist Du bekannt wie ein bunter Hund
Von allen geliebt doch kommt auch die Stund
Wo alles zerfällt was schnell aufgebaut
Von alten Freunden Dir niemand mehr traut
Hast sie hintergangen und alles was bleibt
Ist die Erinnerung an die kurze Zeit
Für die Du uns hast im Stich gelassen
Die Reue im Blick läßt Dich dann verblassen

Was läuft denn sonst noch?

(27.10.2010)

Ich schaue gerne Krimis
Am Liebsten C.S.I.
Man wie ist das spannend
Diese Mord-Aufklärerei
Erst zwei Minuten Handlung
Dann finden sie die Leiche
Halt – da fällt mir auf
Es ist immer das Gleiche
Spuren sammeln, archivieren
Auswerten, analysieren
Und nach einer knappen Stunde
Den Täter inhaftieren
Was läuft denn sonst noch?

Serien seh ich mir an
Gerne rund ums Krankenhaus
Ärzte geben ihr Bestes
Manch Patient geht heile raus

Hier ein Tropf, da eine Pille
Mal große und mal kleine Wunden
So vergehen Krankheiten
Nur leider nicht die lahmen Stunden
Mein Blutdruck sinkt
Schläft fast schon ein
Das kann unmöglich
Alles sein
Was läuft denn sonst noch?

Es scheint sehr spannend
Wenn Familien sich streiten
Ob direkt nebenan
Oder in fremden Weiten
Problemen zuschauen
Statt sich drum zu Kümmern
Zurück lehnen und sehen
Wie andere wimmern
Aufregend ist es
Wenn Müttern verzweifeln
Weil die Kinder
Schon zu Drogen greifen
Was läuft denn sonst noch?

Ich schalte um
Und kann nun schauen
Wie Leute wie ich
Sich ihre Häuser bauen
Wie sie an ihren Autos tüfteln
Daran basteln und dran schrauben
Alles reparieren
Und an ihre Hände glauben
Bevor ich mich selbst bewege
Lehne ich mich sanft zurück
Schaue bei der Arbeit zu
Genieße mein defektes Glück
Was läuft denn sonst noch?

Doch seh ich auch
Wie Leute sich verschulden
Ihr Leben nicht ordnen
Und es gern erdulden
Sich dabei filmen zu lassen
Damit ein jeder es erfährt
Wie es langsam aber sicher
An ihren Nerven zerrt
Mitleid ist ihnen ja sicher

Keiner möchte je so enden
Zum Glück gibt's die Werbepause
So können wir in Ruhe spenden
Was läuft denn sonst noch?

Am Besten jedoch finde ich
Die Sendungen wo jedermann
Sich vor dem ganzen Land
Zum Affen machen kann
Kauf mir die CD´s
Lad die Klingeltöne runter
Stimme fleißig ab
Denn es stimmt mich munter
Glaub an die Botschaften
Die die Sender mir mitteilen
Denk nicht weiter nach
Und werd hier nun verweilen
Morgen läuft das selbe...

Enge

(01.11.2010)

Eng gequetscht im Zug der Zeit
Macht sich still der Wahnsinn breit
Der sich durch die Bahnen zieht
Weil er keinen Platz mehr sieht
Sitzt auf dem Schoß steht neben Dir
Voller wird es wieder hier
Streift durch den Kopf und setzt sich fest
Gibt dem alten Trott den Rest
Klar im Blick leicht zu erkennen
Läßt er die Zeit schneller rennen
Wodurch Momente kürzer scheinen
Um die schönen lohnts zu weinen
Tränen bündeln sich in Wut
Gieren bald nach warmen Blut

Alltag

(01.11.2010)

Leer ist der Blick der breiten Masse
Der durch die Gesichter zieht
Durch manch dunkle und manch blasse
Wie man schon von weitem sieht

Wiederholung heißt der Wahn
Der den Ablauf heut bestimmt
Jeden Tag der selbe Tran
Ob es je ein Ende nimmt?...

Der Wecker klingelt der Tag beginnt
Stumpf folg ich meinen Aufgaben
So ein jeder Tag verrinnt
Den wir mal begonnen haben

Blutfluß

(08.11.2010)

Ein Tropfen Blut bleibt plötzlich stehen
Kann keinen Sinn im Fluß mehr sehen
Mit ihm stoppt der ganze Rest
Halten auch die Frage fest
Ob es lohnt weiter zu fließen
Und das Dasein zu genießen
Auf einmal zuckt das stille Herz
Spürt einen angenehmen Schmerz
Es hat die Liebe grad entdeckt
Und so neue Kraft geweckt
Das Blut nun doch weiter zu treiben
Will nie wieder stehen bleiben

Getrieben

(08.11.2010)

Der Bach fließt gleich nebenan
Wie man sehr schön sehen kann
Im Bach trieb ein Stückchen Fleisch
Scheinbar kalt und kreidebleich
Das Fleisch war ein toter Leib
Von einem viel zu jungen Weib
Das gewaltsam wohl verlebte
Überall das Blut noch klebte
Trieb weiter vom Strom gezogen
So ist der Gedanke schnell verflogen

Bettchen

(09.11.2010)

Leg Dich langsam im Bett nieder
Schließe Deine Augenlider
Spür den Kuß auf nackter Haut
Sodaß die letzte Hemmung taut
Gib Dich mir hin doch gib nicht auf
Laß den Gefühlen freien Lauf

Eis am Gleis

(18.01.2013)

Der Wind peitscht eiskalt in mein Gesicht
Beim warten hier am frühen Morgen
Die S-Bahn kommt mal wieder nicht
Schon steigt erneut die Lust zum Morden

Der Lautsprecher verkündet heiter
Bald kommt der kalte Sturm vom Norden
In 20 Minuten geht es weiter
Größer wird die Lust zum Morden

„Bahn macht mobil" die dunkle Farce
Hat lang ihren Witz verloren
Zeit ist hier wirklich kein Maß
Bin am Bahnsteig festgefroren

Rettungsflasche

(30.07.2013)

Ein Blick in diese Welt
Tut immer wieder weh
Ein Blick tief in die Flasche
Und schon ists okay
Jeden Tag das selbe Elend
Jeden Tag der selbe Dreck
Ich blick tief in die Flasche
Und spül mich einfach weg
Der Fusel ist mein Leben
Mein Retter in der Not
Ohne ihn würds mich nicht geben
Ohne ihn wär ich lang tot
So setz ich vollen Herzens
Erneut die Flasche an
Vergesse all den Schmerz
Und zieh die nächste ran

Schnitt

(30.07.2013)

Die Klinge ist erbarmungslos
Sie trennt das Glück vom Kopf
Sie schneidet weiter rigoros
Wieder fällt vom Haar ein Schopf

Du grinst mich dabei hämisch an
Es gefällt Dir wie ich leide
Die Zeit hält dabei qualvoll an
Und rückt mir zu Leibe

Meine Träne in der Sonne
Von Deinem Lachen überschattet
Für Dich ists die reine Wonne
Ich liege da – total ermattet

Allein

(12.10.2013)

Ich riech noch Deinen Duft
Seh noch Dein Gesicht
Spür noch Deinen Atem
Doch bei mir bist Du nicht
Ich fühl noch Deine Hände
Genieß den letzten Kuß
Alles nur Illusion
Denn lange ist schon Schluß
Wir hatten soviel vor
Doch lebten in den Tag
Wir setzten nie was um
Vielleicht war das unser Sarg
Die Wolken trauern mit mir
Kann es immer noch nicht fassen
Jetz sitz ich hier allein
Wie konnt ich das zulassen?

Schwere

(21.10.2013)

Der Kopf ist viel zu schwer
Drum liegt er auf dem Tisch
Töne schallen hin und her
Doch vernehme ich nur „zisch"
Die Ohren stehn auf Durchzug
Das Geschwafel unerträglich
Gedanklich längst am Abflug
Scheint das Dasein einfach kläglich
Kein Glauben an die Zukunft
Kein Funken Optimismus
Verstummt die gute Vernunft
So setz ich hier den Schluß

Taschentod

(22.11.2013)

Gevatter Tod in meiner Tasche
Schau ich mich verbittert um
Bald seid ihr endlich kalte Asche
Eure Zeit ist heute rum
Niemand von euch wird verschont
Meine Wut lasse ich raus
Die mir lang schon inne wohnt
Gevatter Tod geht nun durchs Haus
Jeder der ihn nur berührt
Schnuppert an dem Duft vom Ende
Wenn er den kalten Stahl dann spürt
Erlöschen alle Lebensbrände

Eines Morgens

(24.12.2013)

Als ich eines Morgens durch meine Wohnung lief
Fragte ich mich warum und fiel in ein dunkles Tief
Jeden Tag das Selbe Tag für Tag für Tag
Bis ich endlich liege im lang ersehnten Sarg

Glück ist schnell vergänglich wie alles andre auch
Das Leben dauert länger doch endet es im Rauch
So stand ich wieder auf die Erkenntnis im Genick
Lief hin zu der Kammer und suchte nach nem Strick

Heute kann ich sagen ich hänge nur noch rum
Bestimmte für mich selber meine Zeit sei um
Quält ihr euch ruhig weiter am Ende ist es gleich
Wer es hinter sich hat ist nur ein Stück totes Fleisch

Heulig Abend

(24.12.2013)

Alljährlich berieselt vom gleichen Klang
Der sich nie ändert fast wie ein Zwang
Seltsame Mützen und geheuchelte Freude
Versprühen immer wieder einen Hauch von Räude
Geschenke an Freunde und an Verwandte
An gute Kollegen und an flüchtig Bekannte
Ein falsches Lächeln auf vielen Gesichtern
Wird überblendet von all den Lichtern
Die im Suff endgültig erlösend erscheinen
Ernüchtert sieht man nur das Auge noch weinen

Netzwerk

(03.01.2014)

Warum sollt ich mit Dir reden
Immerhin könn wir uns schreiben
So sparn wir uns das Bewegen
Und könn zuhause bleiben
Kommunikation nur virtuell
Beiträge und Bilder kommentieren
Das geht einfach und auch schnell
Nie wieder muß ich Zeit verlieren
Blau und weiß ist unsre Welt
Die wir nie mehr verlassen werden
„Liken" was uns grad gefällt
Und „sharen" alles hier auf Erden
Egal was wir auch immer machen
Es muß sofort online gehen
Damit sie über oder mit uns lachen
Daher heißts auf Wiedersehen

Damals und heute

(04.01.2014)

Deine Ecke ist so leer
In der Du immer gesessen
Lange ists schon her
Doch kann ich es nie vergessen
Mein Blick geht weit zurück
Zu längst vergangenen Tagen
Voller Hoffnung voller Glück
Weit weg von all diesen Plagen
Sie waren alle wieder hier
Dafür bist Du gegangen
Also ging ich auch von mir
Und hab mich aufgehangen

Mann im Ohr

(13.01.2014)

In meinem Ohr da sitzt ein Mann
Den ich nicht sehen aber hören kann
Seine Worte voller Wut
Dürsten immer mehr nach Blut
Ständig laut und penetrant
Wird es mir ins Hirn gebrannt
Bis ich auf die Stimme höre
Auf das sie mich nie wieder störe
Doch erst im Blutrausch angekommen
Fühle ich mich wie benommen
Krieg gar nicht mit wie mir geschieht
Oder wie mich jemand anders sieht
Bleib in dem Wahn fest stecken
Bis mich Schüsse niederstrecken

Schlußschuß

(19.01.2014)

Viel zu lang war dieser Weg
Doch endlich ist das Ziel erreicht
Es lief mal gerade und mal schräg
Das Leben nun dem Ende weicht
Wunderschön scheint dieser Ort
Auch wenn die Strecke qualvoll ist
An diesem Ziel braucht es kein Wort
Ganz gleich ob Du bei mir bist
Der Blick zurück wirft seine Schatten
Schöne Momente leuchten auf
Die wir oft zusammen hatten
Doch die Zeit nahm ihren Lauf
So schön auch manche Dinge waren
Stets bitter bleibt der Nachgeschmack
Knoten nicht nur in den Haaren
Leib und Seele sind ein Wrack
Werden hier und heut befreit
Ein letztes Mal die Lider schließen
Niemand mehr der lauthals schreit
Laß Metall durch meinen Schädel schießen

Vorbei

(30.01.2014)

Dein Blick ist so kalt daß meine Augen gefrieren
Läßt mich meinen Rest an Hoffnung verlieren
Bohrt ein tiefes Loch in mein nun totes Herz
Füllt diesen Krater mit qualvollem Schmerz
Bitter schmeckt jetzt die einst süße Zeit
Die mich einmal von Sorgen befreit
Alles vorbei die Sorgen größer denn je
Wenn ich in die graue Zukunft heut seh
Will mich von diesem Schicksal befreien
Damit das blutende Herz beendet sein Schreien
Seh nur einen Ausweg und greife zum Strick
Befestige ihn an Baum und Genick
Das Knacken erlöst mich von diesem Grauen
Brauche niemandem mehr zu vertrauen

Klingende

(02.02.2014)

Sie gleitet sanft auf mir umher
Bringt meine Sinne schnell zum Beben
Süßer Schmerz erregt mich sehr
Ein letztes Mal in diesem Leben
Mit etwas Druck fährt sie ins Fleisch
Durchtrennt Adern Muskeln Venen
Fährt mit mir ins große Reich
Endlich fern von meinen Tränen

Reste

(10.02.2014)

Zwischen nassen Laub im tiefen Wald
Liegt mein kalter Körper der schon sehr alt
Lang wurden er und der Geist gequält
An früherer Zuversicht es lange schon fehlt
Das Blut lang getrocknet auf Haut und im Haar
Keine der Sorgen ist nun mehr wahr
Der Wind läßt das Laub mich langsam verdecken
Und scheint mich im Wald zu verstecken
Als der Herbst vorbei und der Winter abgetaut
Wurd ich entsetzt angeschaut
Eine Wandergruppe zog ihre Runden
Und hat meine alten Reste gefunden
Abgenagt viel auch an der Hand
Wo die rostige Waffe sich noch befand
Der Abschiedsbrief lang fortgeweht
Der Schock noch in den Augen steht
Überall ein Beten und Flehen
Leider kann ich das nicht mehr sehen

Gesund gestorben

(11.02.2014)

Ich bewege mich gern und lebe gesund
Esse viel grünes aus gutem Grund
Treibe oft Sport will alles geben
All das um möglichst lange zu leben
Esse kaum Zucker vom Fett ganz zu schweigen
Lieber greif ich zu getrockneten Feigen
Ich trinke nicht und will auch nicht rauchen
Leid tun sie mir wenn sie das brauchen
Für heut ists gut die Luft ist raus
Ich kehre um und wander nachhaus
Musik auf den Ohren die Sinne erschöpft
Hab meine Kräfte aufs letzte geschröpft
Lauf über die Straße hab mich nie geschont
Werd überfahren also hat sichs gelohnt
Ein ganzes Leben ohne Genuß
Sorum betrachtet war es nur Stuß

Der letzte Kuß

(14.02.2014)

Ein kleiner Kuß von Dir und schon bin ich weg
Ein kleiner Kuß von Dir zieht mich aus dem Dreck
Ein Kuß so heiß endlich tau ich auf
Ein Kuß so heiß endlich geh ich drauf
Oft hab ich geträumt daß wir uns beide küssen
Oft hab ich geträumt nie mehr leiden zu müssen
Der Traum wird endlich wahr ich trag eine Krone
Der Traum wird endlich wahr durch eine Patrone
So küßt sie mein Gehirn und schaltet es aus
So küßt sie mein Gehirn und bringt mich nachhaus

Jeden Tag

(15.02.2014)

Der Tag ist echt zum Kotzen
Auf der Arbeit gabs nur Streß
Mein Weib ist nur am Motzen
Das Fazit heißt: ich hasse es

So läuft es schon lang
Egal an welchem Tagen
Es wirkt fast wie ein Zwang
Genährt von großen Plagen

Der Ausweg ist leicht
Ich nutz ihn fast immer
Erneut der Alltag weicht
Wird somit nicht schlimmer

Die Sorgen nehmen ab
Wie der Bestand an Schnaps und Bier
Den ich gerne um mich hab
Bringt mich sooft weg von hier

Dein Bild

(01.03.2014)

Dein Bild hält mich noch immer gefangen
Leider bist Du schon lange gegangen
Es hieß Liebe für die Ewigkeit
Also ist ewig auch nur eine Zeit
Das einzige was ewig bleibt
Ist der Schmerz der mich durchtreibt

Dein Bild hält mich fest in der Schlinge
Durchsticht mich stark wie eine Klinge
Jede Sekunde sticht sie tiefer hinein
Erschwert mir weiter mein trübes Sein
So werde ich es heute beenden
Keine Tränen hier mehr verschwenden

Willkommen

(10.04.2014)

Willkommen im Land der Dichter und Denker
Willkommen im Land der verlorenen Kunst
Wie oft entkamst Du schon deinem Henker
Doch nun steht die Stunde gar in seiner Gunst

Er wird von allen Seiten gestärkt
Jeder möchte ganz vorn dabei sein
Er weiß daß dies keiner bemerkt
Und hält so aufrecht seinen guten Schein

Sein Gefolge wächst Tag für Tag
Schaufelt sich so sein eigenes Grab
Jeder der sich hier noch anschließt
Sich selbst und seine Freude erschießt

Gäb es eine Chance euch aufzuwecken
Damit ihr es selber auch endlich seht
Wollt ihr wirklich auf die Art verrecken
Wenn ihr wach werdet ist es zu spät

Met

(14.04.2014)

Hört tapfre Recken mich dürstets nach Met

So füllet mein Horn bis nichts mehr geht

Das Weibervolk süß dem Honigwein gleich

Beidem zu gern ich die Hände reich

Es wird viel gelacht und noch mehr getrunken

Der Gaumen erregt in Freude versunken

So bringet herein die nächsten Fässer

Mit jedem Schluck wird das Gefühl besser

Schneller geleert als nachgefüllt

Die Sinne in hellen Nebel gehüllt

Schnell verschwinden Kummer und Sorgen

Schlimm wird es erst am nächsten Morgen

Ein Weg, zwei Ziele

(07.06.2014)

Kein böses Wort will ich an Dich lassen
So hüll ich mich seit Tagen in Schweigen
Ich kann Deine Handlung noch immer nicht fassen
Kann meinen Kopf nur nach unten neigen

Jedes Deiner Worte tut unsagbar weh
Die Tränen davon zähl ich schon nicht mehr
Leb jetzt damit daß ich von Dir geh
Scheinbar fällt es Dir nicht allzu schwer

Deine größten Sorgen sind mein größtes Glück
Sie zaubern ein Lächeln in mein Depri-Gesicht
Wünschen uns beide die Zeiten zurück
Doch leider funktioniert das so nicht

Genieße das Leben

(08.06.2014)

Das Leben ist toll ein wahrer Genuß
Etwas wofür man dankbar sein muß
Daß jemand das auch anders sehn kann
Versteh ich gar nicht kommt bei mir nicht an
Vielleicht sind die Leute nur Pessimisten
Die früh die weiße Fahne schon hißten
Die Sonne seh ich an jedem Tag
Weil ich selbst den Regen mag
Find alles toll und mehr als gut
So folget mir und nehmt meinen Hut
Ich bin ein wahrer Freudenspender
Und gehe jedem auf den Sender

Aktuelle Vergangenheit

(14.06.2014)

Noch immer gefangen in Deinem Bann
Dem man leider nicht entkommen kann
Gelähmt vom Gift in Deinen Augen
Die mich fesseln und qualvoll aussaugen

Mit Tränen im Blick denk ich an Dich
Jeder Gedanke wie ein tödlicher Stich
Den Gestank der Verzweiflung tief in der Nase
War jeder Satz nur eine Phrase

Seh noch die Bilder aus schönen Tagen
Was mögen sie mir heute wohl sagen
Außer daß ich Dich nicht vergessen kann
Warum tust Du mir das an

Religion

(11.07.2014)

Gott ist wirklich ein Sadist
Wenn das Leben eine Prüfung ist
Was haben Qualen, Schmerzen, Leid
Zu tun mit Barmherzigkeit?
Dankbarkeit bis hin zum Tod
Erreicht man nicht mit Angst und Not
Hier fehlen locker tausend Schrauben
Denn nur wer nichts weiß muß glauben

Erlöst

(13.07.2014)

Der Duft des Todes lange schon hier
Meißelt sich ein und setzt sich fest
Stillt täglich seine qualvolle Gier
Stück für Stück gibt er mir den Rest

Eng liegt die Schlinge am zarten Genick
Umschnürt es ganz fest und hält es im Zaum
Zeichnet ganz deutlich den Abdruck vom Strick
Daß es bald wirkt wie ein schlechter Traum

Am Ziel angekommen fern aller Klagen
Seh, hör und fühl ich nichts mehr
Mein Gesicht sieht man noch sagen
Danke sehr

Gegenwärtige Zukunft

(28.08.2014)

Das Glück lag mir zu Füßen
Doch ich bin drauf getreten
Das sollte ich bald büßen
Da half mir auch kein Beten

Ein Lächeln im Gesicht
Kenn ich nur von alten Zeiten
Heute gibt es sowas nicht
Muß auf dem neuen Elend reiten

Niemand mehr an meiner Seite
Nur mein alter Freund der Haß
Den ich wiedermal begleite
Meine Augen werden blaß

Sie sehen in die Dunkelheit
Sie sehen schwarz und rot
Sie suchen nach der Freiheit
Aber sie sind lange tot

Gängster-Räp

(31.08.2014)

An einem unscheinbaren Tag
Ein Klang in meinen Ohren lag
Wie eine Säure sich einbrannte
Schmerzen die ich noch nicht kannte
Da nahmen meine Augen wahr
Was akustisch grad geschah
Ein Hampelmann mit schräger Mütze
Erzählte seine Gettho-Grütze
Wie toll er doch sein Leben meistert
Die Frauen seines Blocks begeistert
Für mich war es blanker Hohn
Mein Gelächter war sein Lohn
Rap nannte sich dieser Stil
Der irgendwie nur ihm gefiel
Nur sehr kurze Zeit darauf
Hörte er zu zappeln auf
Langsam er von hier verschwand
Mit seiner Mutti an der Hand

Liebe

(06.09.2014)

Lieben heißt sich zu belügen
Und sich selbst nur zu betrügen
Erst das Gefühl voller Magie
Voll Harmonie mit Phantasie
Zunächst scheint alles zauberhaft
Und alle Hürden schon geschafft
Doch nach ungewisser Zeit
Macht sich das Elend breit
Die alten lang bekannten Sorgen
Erfüllen wieder jeden Morgen
Erneute wiederholte Schmerzen
Tief sitzend im toten Herzen
Sterben langsam Stück für Stück
Bezeichnet man dennoch Glück
Feuer und Flamme werd ich darum
Nur noch im Krematorium

Falsch

(07.09.2014)

Sah Dir in die Augen und hab Dir vertraut
Hast so warm und ehrlich geschaut
Hinter mir hast Du gelacht
Was hab ich da falsch gemacht

Schienst soweit weg doch saßt neben mir
Eisige Kälte erfüllte das Hier
Hab scheinbar einen Moment nicht gewacht
Und hab wieder etwas falsch gemacht

Stand am Fenster und schaute hinaus
Mit meiner Freude war es lang aus
Der Schritt ins Leere hat Glück entfacht
Hab nie wieder etwas falsch gemacht

Das Buch endet nun an der Stelle und schließt mit diesem Kapitel meines Daseins ab. Vielen Dank für Eure Geduld und bis zum nächsten Mal.

Für Informationen zu meiner Person, Fragen oder Anregungen könnt Ihr gern meine Seite www.pseudomensch.jimdo.com besuchen.

Kontakt per e-Mail ist natürlich auch möglich:

pseudomensch@web.de

PseudoMensch
2014
Auflage 1

Impressum

Herstellung und Verlag:

BoD – Books on Demand, Norderstedt

ISBN: 978-3-7347-3018-4